統一7-ELEVEn
Uni-Girls

メンバーは16人。2009年結成と5球団の中では最も歴史が長く、OGも含めた歴代総在籍人数は40人を超える。2017年のアジアプロ野球チャンピオンシップでCPBLチアの一員として来日した丙絲や、ショーガール、バスケットボールチームのチアとしても活躍するMinaが現在の中心メンバー。オフには20年のキャプテン・妮可が中信兄弟へと移籍。近年は人気メンバーの移籍・退団が続いており、新キャプテンのYukiやCT Girls（台湾代表チア）出身のルーキー柔一に期待がかかる。

チアリーダーをもっと知りたい!!

現地では「啦啦隊」と呼ばれるチアリーダーは、台湾野球の名物の一つ。各球団に20人前後が在籍しており、主にホームの試合に登場し、ベンチ上のステージで応援を盛り上げている。近年はチアリーダーとして人気を博したことがきっかけで、TVデビューや個人写真集出版に繋がるケースも多く、アイドルグループのような位置づけになりつつある。彼女たちを間近で見られるエリアは「髮香區」とも呼ばれCPBLで最も人気のある座席となっている。週末は販売即完売となる球場もあり、どうしてもステージ近くで見たいという方には、平日の観戦がおすすめだ。

中信兄弟
Passion Sisters

メンバーは16人。「週刊ヤングジャンプ」の表紙に起用されるなど、日本でも大人気の峮峮が在籍するチアとして有名。CPBLチア中最高身長173cmの自称"中職小巨人"短今や、天真爛漫な笑顔で在籍2年にして多くのファンを獲得した倮倮も全チーム中屈指の人気を誇る。近年は峮峮をはじめ希希など、積極的に日本語学習に励むメンバーも多い。他球団と比べて比較的チア経験の長いメンバーが多く、ステージ上での自由な雰囲気も見どころ。

樂天
Rakuten Girls

5球団中、最多の26人編成。Lamigo時代からNPBチームと交流した際に、度々「美人チア」として日本メディアに取り上げられており、最も有名なチアチームと言っても過言ではない。新キャプテンの艦艦、ダイナマイトボディの莒瞢を筆頭に、Yuri、菲菲ら球場だけでなくバラエティー番組やCMでも人気を博すメンバーが多数在籍している。李杜軒（元ロッテ）の妹である艾璐や元ウェザーガールズの竻熹ら日本語堪能なメンバーも多い。18年に初の日本人メンバーである今井彩香、20年にはKBOリーグ・ハンファから李河潤が加入したが、コロナの影響もあり、今季の参加は未定となっている。ら李河潤が加入も、コロナの影響もあり、今季の参加は未定。

富邦
Fubon Angels

メンバーは16人。長身ですらりとしたモデル体型美人が多いことで知られる。オフにはバスケットボールチーム富邦勇士のチアも兼任するほか、プライベートでも仲が良く、昨夏にはメンバー全員で宜蘭に旅行する姿が各自のInstagramに載せられた。Passion Sistersでも中心メンバーとして活躍していたチア9年目の東東は、前チーム時代からのファンも多く、上位の人気を誇る。日本のブログで話題となった丹丹や、チーム最小身長の慈妹、日本漫画大好きな秀秀子らも注目度が高い。

味全
Go Beauties
小龍女

メンバーは17人。2019年にファン投票で選出された8名に加えて、今季は新たに9人が加入。一気に大所帯となった。初代オーディションで得票数1位を獲得した琪琪は、義大や統一でもチアリーダーとしての活動経験がある。彼女に加えて、軒軒、心璇、馬妹とかつてUni-Girlsで人気を博したメンバーが多い。今季の注目は何といっても、CPBL初のチアボーイ小螞蟻。見た目通りのコミカルなキャラで、並み居る美少女・美女を制し、入団を勝ち取った。

陳傑憲

蘇智傑

陳韻文

陳鏞基

林安可

周思齊

王威晨

張志豪

黃恩賜

江坤宇

王溢正

陳晨威

林立

朱育賢

林泓育

陳鴻文

江國豪

高國輝

陳仕朋

蔣智賢

王維中

李凱威

劉基鴻

徐若熙

黃柏豪

台湾プロ野球〈CPBL〉観戦ガイド＆選手名鑑2021

Contents

王柏融

北海道日本ハムファイターズ

INTERVIEW

文・駒田 英　インタビュー、取材・室井昌也（ストライク・ゾーン）

これまで日本プロ野球では、CPBL出身の台湾人選手が6人プレーしているが、初めてポスティング制度により日本球界入りを果たしたのが、王柏融（北海道日本ハムファイターズ）だ。

台湾最南端、屏東県出身の王柏融は、中学卒業後、多くのスター選手を輩出している北部、新北市の穀保家商に進学、高校時代は世代別のナショナルチーム入りこそならなかったが、チームの中軸として活躍、卒業後は名門・文化大学に進学した。

大学で廖敏雄コーチ（元時報イーグルス）の指導を受け、しっかりとスイングすることの重要性を学んだ王柏融は、大学、アマ球界を代表する強打者に成長、アマ代表の常連となると、2014年には仁川アジア大会や21Uワールドカップに出場、21Uワールドカップでは4番としてチームの優勝に貢献した。

そして、2015年6月のCPBLドラフト会議でLamigoモンキーズからドラフト1位指名を受け、当時の野手史上最高額、契約金500万台湾ドルで入団した。愛称の「柏融大王」は、入団記者会見でモンキーズが名付けたものである。2015年シーズンは29試合出場で、打率.324、9HR、29打点と、いきなり主力級の活躍をみせると、翌

2016年のシーズンは打率.414、29HR、105打点の好成績を挙げ、「大王」旋風を起こし、新人王、MVPを獲得。この年の打率、安打数（200本）、得点（130得点）は現在もリーグ記録となっている。2017年は、開幕前の侍ジャパンとの壮行試合で、日本の一流投手相手に5打数4安打1HRと活躍、日本のファンにも強烈な印象を与えた。同年のシーズンでは、ほぼ死角のない打撃で、2年連続の4割台となる打率.407、31HR、101打点という圧巻の成績を挙げ、リーグ2人目、台湾人選手では初となる三冠王に輝き、2年連続のMVPを受賞した。2018年は、スランプに苦しんだ時期もあったが、それでも打率.351（リーグ4位）、17HR（リーグ4位タイ）、84打点（リーグ2位)の好成績を挙げ、チームのシリーズ連覇に貢献した。

　2018年10月17日、Lamigoモンキーズは、海外FA権を獲得した王柏融の海外挑戦を認めることを表明、11月20日には北海道日本ハムファイターズが優先交渉権を獲得したことが明らかになり、12月6日、ファイターズと3年契約を締結したことが発表された。12月19日には、台湾で入団記者会見が行われ、王柏融は「台湾野球の精神、最後まで戦いぬく精神を堅持し、プレッシャーを抱えながら、少しずつ高みを追い求めていきたい」と、日本プロ野球挑戦への決意を示した。

　注目された日本プロ野球初年度、2019年の開幕直後はチームトップの打率、安打数をマークするなど上々のスタートを切った。しかし、4月下旬、左太もも裏の張りにより戦列離脱、復帰後の6月には月間打率3割以上をマーク、4番でも起用されたが、7月9日、今度は守備中に右肩を痛め、再び登録抹消となった。約1ヶ月の離脱を経て復帰も、8月10日の復帰初戦で死球を受け左足甲を負傷、怪我をおして出場を続けた影響もあり、その後は成績が低迷、1年目のシーズンは怪我にも泣き、打率.255、3HR、35打点で終

えた。

　引退した田中賢介選手の背番号「3」をつけて臨んだ2年目、新型コロナウイルスの影響により開幕が遅れた中、6月初旬の練習試合では二試合連続でHRを放つなど期待をもたせたが、シーズン開幕後は調子が上がらず7月下旬に二軍落ちとなった。しかし、二軍では格の違いをみせつけ大爆発、8月中旬に一軍に復帰すると、代打主体ながら9、10月と3割近い打率をマークした。しかし、クライマックスシリーズ進出を逃した中、出場機会は限られ、2年目は打率.207、2HR、9打点という成績に終わった。

　台湾プロ野球で2年連続で4割をマークした台湾最高の打者が、日本球界でどれだけの成績を残すのか、壮行試合で日本の一流投手から結果を残していたこともあり、王柏融に対する期待は高かった。そうした期待の裏返しもあり、この2年間の成績に対しては、台湾のファンからも

厳しい声が上がっている。しかしながら、物足りなさ、悔しさを一番感じているのは、間違いなく本人だろう。

　どちらかというと朴訥な性格だが、この2年間で日本語も上達、異国での生活にも慣れ、チームメイトとの距離もぐっと縮まり、リラックスした表情をみせることが多くなった。この2年間は歯車が噛み合わないことも多かったが、3年契約の最終年となる今季は、「大王」らしい本来の打撃をいかんなく発揮し、北海道、そして台湾のファンを喜ばせてもらいたい。

■ ■ ■

　——まず、昨季の振り返りですが、CPBLではほとんど経験が無かった代打で、リーグ最多の9安打と結果を残しました。どのような準備をされましたか。

　王　これまでに無かったことなので最初はなかなかしっくり来ませんでしたが、打席に立つご

とに少しずつ慣れていきました。代打は一球勝負なので、相手投手の失投を絶対にとらえよう、という意識でいました。

　——この2シーズンを振り返って、日本の投手と台湾の投手のここが一番大きな違いだと思う点はどこですか。

　王　良い投手が占める割合ですね。また、台湾のチーム数は少なく、自ずと同じ投手と対戦する機会が多くなりますが、日本のチーム数は多いので、対戦回数が少なく、月に1回しか対戦しない、という事もあります。さらに、イニングが進むごとにどんどんいい投手が出てきます。

　——今まで対戦した投手の中で「このピッチャーはいいなあ」と感じた投手は誰ですか。

　王　対戦する全ての投手をいい投手だと考え、一回一回の打席に臨んでいます。日本プロ野球という高いレベルのリーグでプレーしている投手なので、皆、一定の実力をもっているはずだからです。

　——今年は、以前のようにスタンスを広げたと伺いましたが、その理由はなんですか。

　王：打席でリラックスできるスタンスを求めて自分で調整していった結果、今の形になりました。どのスタンスがいい、悪いということはないのですが、昨シーズンについては（狭めた事での）効果が出なかった、という感じです。

　——このシーズンオフも、（台湾で）モンキーズのメンバーと身体を動かしたと聞いています。今、CPBLでプレーしている選手の中で、この選手は日本に来たら活躍できそうだな、と感じる選手は誰かいますか。投手と野手で1人ずつくらい挙げられるとしたら、挙げて頂けますか。

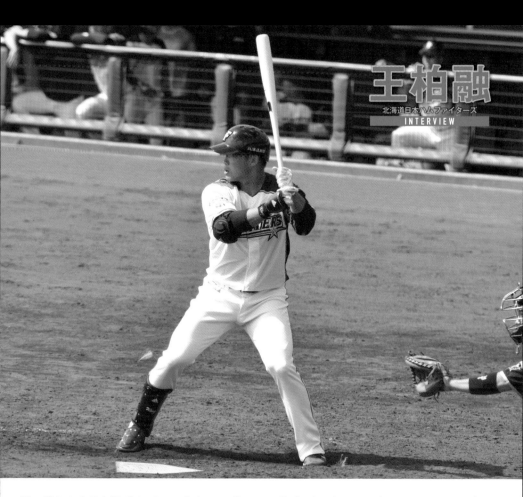

王柏融
北海道日本ハムファイターズ
INTERVIEW

王　誰かの名前を挙げることはできません。皆、機会があれば日本でプレーできる能力は十分にあると思うので、1人、2人のみに絞ることはできません。それは彼らに対して申し訳ないからです。

―― CPBLは今シーズンから5球団になります。今後、台湾と日本の球界がどのようになったらいいか、アジアの野球界の未来に望むことは何かありますか。

王　（5球団目の誕生は）必ずプラスになりますね。各国の野球を取り巻く環境は年々向上しています。これからも良くなっていくと思います。

―― 大分先の話になりますが、これからアジアの野球が発展していく中で、ご自身がどのような役割を果たしたいという気持ちはありますか。

王：今まで学んできたことや経験を、次の世代の選手たちに伝えていくことが、最もシンプルな方法だと思います。自分の立場で、できることをやっていきたいと思っています。

―― 最後に、この本は今まで台湾のプロ野球に興味をもっていた日本のファンのほか、これから興味をもつファンが読むことになると思います。出版に向け、何かメッセージはありますか。

王　台湾プロ野球を他国へ紹介する、こうした本を出版して頂き、誠にありがとうございます。台湾プロ野球にとって大きなサポート、支えになります。

**王柏融選手の直筆サイン色紙を
3名様にプレゼント！**
詳しくは119ページをご覧ください。

蔡其昌
コミッショナー
INTERVIEW

　今年1月19日、CPBLの11代目のコミッショナーに蔡其昌・立法院副議長(国会副議長に相当)が就任した。与党・民進党籍の蔡コミッショナーは51歳、CPBLのコミッショナーには、これまでも産官学の関係者が就任してきたが、立法院副議長というポストは過去最高位である。熱狂的な野球ファンとしても知られる蔡コミッショナーに、日台球界の交流、CPBLのビジョン、台湾代表の目標などについて聞いた。

■ ■ ■

── 蔡コミッショナーにとって、最も印象深い、もしくは最も好きな日本の選手は誰ですか。

蔡：最も好きな選手はイチロー選手です。彼がオリックス・ブルーウェーブでプレーしている時代から、強いインパクトを受けていました。日本でプレーを見る機会はありませんでしたが、彼がアメリカに渡ったあと、シアトル・マリナーズの本拠地でプレーを見たことがあります。我が家で大切に保管している、私が初めて入手したバブルヘッド人形は、イチロー選手のものです。

　イチロー選手のように、素晴らしいキャリアを積み上げ、華々しい成績を挙げた、攻守共に優れた選手の他、私が特に素晴らしいと思うのは、野球を天職として、自らの生命をかけてプレーする選手です。つまり、彼らの野球に対する熱意、真摯な態度といったものですね。台湾の選手で

挙げると、「恰恰」こと彭政閔（元中信兄弟）や「棒球先生（ミスター・ベースボールの意）」こと李居明（元兄弟エレファンツ、TML雷公）です。日本プロ野球の選手の中では、イチロー選手がまさにそうしたスピリット、特質をもっていますよね。

── 台湾と日本のプロ野球の交流は、近年、非常に活発となっています。蔡コミッショナーは今後、この点についてさらに強化するプランはありますか。

蔡：台湾と日本は長期間にわたって密接な関係にあります。文化も似通っており、両国の国民同士も友好的な関係を築いています。同時に野球界においても、CPBLとNPBは非常に密接な交流関係にあり、提携を行っています。2005年にスタートしたアジアシリーズの他、2016年からはNPB側の招待を受け、大阪、名古屋、福岡などで壮行試合を行いました。さらに現在、陳偉殷、陽岱鋼、王柏融ら多くの台湾選手が日本でプレーしており、試合並びに選手の交流は非常に盛んとなっています。

　このほか、CPBLの創成期には、NPBから審判の技術指導及びリーグの規則、制度の制定において、多くの助言を頂きました。近年もCPBLは、NPBのベテラン審判員の方を、審判のカンファレンスや研修会に不定期で招いてきました。そして、30数年にわたる期間、CPBLとNPBは各種の国際的な事務において、緊密なパートナーシップ関

係を築いてきました。

我々にとって、日本は間違いなく最も重要な交流、学習の対象であり、私はコロナ禍が落ち着きをみせたら、日本を訪問しようと考えています。そして、CPBLとNPBの関係が今後より強化されていくこと、並びにアジア、世界において、共に野球を発展させていくことを希望しています。

── CPBLでは今年、味全ドラゴンズが一軍参入を果たし、五球団時代に突入しました。日本のファンに向け、CPBLの今後のビジョンと課題について説明して頂けますか。

蔡：2019年に開催されたプレミア12において、私は東京で、台湾代表の試合を観戦しました。当時、台湾における「藍緑（最大野党・国民党と与党・民進党、及びその支持者）」の対立は、現在と遜色ありませんでした。しかし、球場では、ファン一人ひとりが声を枯らし、台湾代表を応援していました。私は感動し目頭が熱くなりました。そして、どうして野球はこれほど多くの台湾の人に愛され、全てのハードルを乗り越えられるのか、と思いました。

今後、私は自らのリソースをもって野球市場を拡大し、第6の球団参入を促していきます。また、法改正を通じて、企業のスポーツ界への協賛意欲を高めていきます。現状、野球チームを運営する企業の減税額には上限がありますが、法改正によって、これを引き上げます。また私は、CPBLと、台湾のアマ野球を管轄する中華民国棒球協会（CTBA）の団結力を今後さらに強め、双方が最良のパートナーとなることを希望しています。我々の目標はただ一つ、台湾の野球を今後も輝かしいものにしていくことです。

── 新型コロナウイルスの影

響により、日本のファンはしばらくの間、来台して観戦することができません。日本のファンに向けて何かメッセージはありますか。

蔡：日本の皆さんには、CPBL TVを通じて台湾プロ野球の試合を楽しんでいただけますが、やはり、コロナ収束後、実際に台湾に来て球場で観戦して頂き、台湾独特の盛り上がりを感じたり、台湾の美食を味わって頂きたい、と思っています。

今年のCPBLは、味全ドラゴンズが一軍に参入、五球団の規模となり、対戦カードも増えました。同時に陳冠宇や江少慶といった、過去海外でプレーしていた選手たちも相次いでドラフト会議への参加を表明（注・CPBLでプレーする為には、ドラフトにかかることが必要）しています。こうした動きによって話題が増え、人気がさらに高まることを期待しています。その際には、日本のファンの皆さんに、実際に台湾でCPBLの試合を楽しんで頂きたいと思っています。

── 今年、東京でオリンピックが行われる予定となっています。蔡コミッショナーは「後方司令官」として、オリンピック野球競技世界最終予選、そして東京オリンピックにおける台湾代表の戦いぶりについて、どのような期待をされていますか。

蔡：今年は王維中、江少慶、陳冠宇など、多くの優れた投手が海外から帰国しました。そのため、過去、比較的憂慮されていた投手力については、以前よりかなり強化されたといえます。

そして、CPBLとCTBAは必ず団結しなければなりません。団結さえすれば最強のナショナルチームを結成できるものと信じています。我々はナショナルチームに最大のサポートをしていきます。最大の目標は、台湾球界にとって初のオリンピック金メダル獲得です。

台湾代表チーム（チャイニーズタイペイ）　主な国際大会での戦績

2006年　ワールドベースボールクラシック

第1ラウンドA組（第1日・第1試合）
3月3日（金）東京ドーム　開始11:33　入場者5,193人
（1勝0敗）

	1	2	3	4	5	6	7	8	9	計
韓国	0	0	0	1	1	0	0	0	0	2
チャイニーズタイペイ	0	0	0	0	0	0	0	0	0	0

（0勝1敗）
【韓】○ソ・ジェウン、キム・ビョンヒョン、ク・デソン、（S）パク・チャンホ─ホン・ソンフン、チン・ガプヨン
【チ】●林恩宇、林英傑、朱尉銘、耿伯軒─葉君璋

第1ラウンドA組（第2日・第2試合）
3月4日（土）東京ドーム　開始18:04　入場者31,047人
（2勝0敗）

	1	2	3	4	5	6	7	計
日本	3	1	1	0	6	1	2	14
チャイニーズタイペイ	0	1	0	0	0	2	0	3

（0勝2敗）
（7回コールド）
【日】○松坂、薮田、小林宏、藤川─里崎、相川
【チ】●許竹見、陽耀勲、蔡英峰、許文雄、増菘瑋、黄俊中、郭泓志、陽建福─葉君璋、陳峰民
本塁打【日】多村2号（1回3ラン 許竹見）

第1ラウンドA組（第3日・第1試合）
3月5日（日）東京ドーム　開始11:10　入場者4,577人
（1勝2敗）

	1	2	3	4	5	6	7	8	9	計
チャイニーズタイペイ	0	0	1	4	0	2	0	4	1	12
中国	0	0	0	0	0	2	0	0	1	3

（0勝3敗）
【チ】○潘威倫、姜建銘、朱尉銘、耿伯軒、郭泓志─陳峰民
【中】●王楠、徐錚、卜涛、趙全勝、張俊─王偉、張振旺
本塁打【チ】陳鏞基1号（4回満塁 徐錚）

2008年　北京オリンピック

予選リーグ（第1日）
8月13日（水）五棵松棒球場第二　開始10:30　入場者1,510人
（0勝1敗）

	1	2	3	4	5	6	7	8	9	計
オランダ	0	0	0	0	0	0	0	0	0	0
チャイニーズタイペイ	0	1	0	3	0	1	0	0	X	5

（1勝0敗）
【オ】●Bergman、Cordemans、Draijer─de Jong
【チ】○陳偉殷、鄭凱文─葉君璋

予選リーグ（第2日）
8月14日（木）五棵松棒球場　開始20:00　入場者7,690人
（1勝1敗）

	1	2	3	4	5	6	7	8	9	計
日本	0	0	0	0	1	1	0	0	4	6
チャイニーズタイペイ	0	0	1	0	0	0	0	0	0	1

（1勝1敗）
【日】○涌井、岩瀬、藤川、上原─阿部
【チ】許文雄、●倪福徳、張誌家、曹錦輝、鄭凱文─陳峰民、葉君璋、高志綱
本塁打【日】阿部1号（5回ソロ 許文雄）

予選リーグ（第3日）
8月15日（金）五棵松棒球場第二　開始10:30　入場者1,600人
（1勝2敗）

	1	2	3	4	5	6	7	8	9	10	11	計
チャイニーズタイペイ	0	0	0	1	1	0	0	1	0	0	4	7
中国	0	0	0	0	0	0	3	0	0	0	5X	8

（1勝3敗）
（延長12回）※11回からタイブレーク制
【チ】潘威倫、倪福徳、羅嘉仁、●陽建福─高志綱、葉君璋、陳峰民
【中】王楠、孫国強、陳坤、○呂建剛─王偉
本塁打【チ】羅國輝1号（5回ソロ 王楠）

予選リーグ（第4日）
8月16日（土）五棵松棒球場　開始11:30　入場者6,584人
（1勝3敗）

	1	2	3	4	5	6	7	8	9	計
チャイニーズタイペイ	0	0	0	0	0	0	0	0	0	0
キューバ	0	0	0	0	0	0	1	0	X	1

（4勝0敗）
【チ】●李振昌、張誌家─葉君璋
【キ】○El.Sanchez、（S）Gonzalez─Pestano
本塁打【キ】Cepeda1号（7回ソロ 李振昌）

予選リーグ（第6日）
8月18日（月）五棵松棒球場　開始11:30　入場者7,000人
（5勝0敗）

	1	2	3	4	5	6	7	8	9	計
韓国	7	1	0	0	0	0	1	0	0	9
チャイニーズタイペイ	0	2	0	0	4	2	0	0	0	8

（1勝4敗）
【韓】ポン・ジュングン、○ハン・ギジュ、クォン・ヒョク、（S）ユン・ソクミン─カン・ミンホ
【チ】陽建福、●倪福徳、張誌家、曹錦輝─葉君璋
本塁打【韓】コ・ヨンミン1号（1回3ラン 陽建福）

予選リーグ（第7日）
8月19日（火）五棵松棒球場　開始19:00　入場者7,662人
（1勝5敗）

	1	2	3	4	5	6	7	8	計
チャイニーズタイペイ	0	0	0	1	0	1	0	0	2
米国	0	0	0	1	2	0	1	X	4

（4勝2敗）
【チ】●許文雄、李振昌、曹錦輝─陳峰民
【米】○Knight、Koplove、（S）Jepsen─Marson
本塁打【チ】林智勝1号（7回ソロ Knight）
　　　　【米】Gall1号（6回ソロ 許文雄）

予選リーグ（第8日）
8月20日（水）五稜松棒球場第二　開始18:00　入場者1,530人

	1	2	3	4	5	6	7	8	9	10	11	12		R
ﾁｬｲﾆｰｽﾞﾀｲﾍﾟｲ	1	1	0	0	0	0	0	0	0	0	1	1	-	6
カナダ	2	1	0	1	0	0	1	0	0	0	0	0	-	5

（2勝5敗）
（2勝5敗）

（延長12回）※11回からタイブレーク制
【チ】陳偉殷、潘威倫、○倪福徳、(S) 張誌家 － 葉君璋
【カ】Johnson、Swindle、Burton、Davidson、Green、●Reitsma － Corrente、Frostad
本塁打【チ】林智勝2号（2回ソロ Johnson）、
　　　　　林哲瑄1号（2回2ラン Johnson）
　　　　【カ】Clapp 1号（7回ソロ 潘威倫）

2009年　ワールドベースボールクラシック

第1ラウンドA組（Game 2）
3月6日（金）東京ドーム　開始18:40　入場者12,704人
（0勝1敗）

	1	2	3	4	5	6	7	8	9		R
チャイニーズタイペイ	0	0	0	0	0	0	0	0	0	-	0
韓国	6	0	0	0	1	2	0	0	X	-	9

（1勝0敗）
【チ】●李振昌、鄭凱文、廖于誠、林柏佑 － 高志綱
【韓】○リュ・ヒョンジン、ポン・ジュングン、
　　　イ・スンホ、イム・テフン － パク・キョンワン、
　　　カン・ミンホ
本塁打【韓】イ・ジンヨン1号（1回満塁 李振昌）、
　　　　　　チョン・グンウ1号（6回2ラン 林柏佑）

第1ラウンドA組（Game 3）
3月7日（土）東京ドーム　開始12:39　入場者12,890人
（0勝2敗）

	1	2	3	4	5	6	7	8	9		R
チャイニーズタイペイ	0	0	0	0	0	1	0	0	0	-	1
中国	1	0	0	0	2	0	0	1	X	-	4

（1勝1敗）
【チ】●林岳平、増菘瑋、倪福徳 － 高志綱
【中】呂建剛、卜涛、孫国強、陳俊毅、(S) 陳坤
　　　－ 張振旺
本塁打【中】R.チャン1号（8回ソロ 倪福徳）

2013年　ワールドベースボールクラシック

第1ラウンドB組（Game 1）
3月2日（土）台中洲際棒球場　開始12:30　入場者20,035人
（0勝1敗）

	1	2	3	4	5	6	7	8		R
オーストラリア	0	0	0	0	0	1	0	0	-	1
チャイニーズタイペイ	1	0	2	0	1	0	0	X	-	4

（1勝0敗）
【豪】●Oxspring、Ruzic、Saupold、Bright、Wise、
　　　Rowland-Smith、Russell － M.Kennelly
【チ】○王建民、陽耀勳、郭泓志、(S) 陳鴻文 － 高志綱
本塁打【豪】Welch 1号（7回ソロ 陽耀勳）
　　　　【チ】彭政閔1号（5回ソロ Saupold）

第1ラウンドB組（Game 3）
3月3日（日）台中洲際棒球場　開始14:30　入場者20,035人
（1勝1敗）

	1	2	3	4	5	6	7	8	9		R
オランダ	0	3	0	0	0	0	0	0	0	-	3
チャイニーズタイペイ	0	1	0	4	0	3	0	0	X	-	8

（2勝0敗）
【蘭】●Stuifbergen、Martis、Isenia － Ricardo
【チ】王躍霖、○潘威倫、曾仁和、王鏡銘、郭泓志、
　　　陳鴻文 － 林泓育
本塁打【チ】陽岱鋼1号（6回2ラン Martis）

第1ラウンドB組（Game 6）
3月5日（火）台中洲際棒球場　開始19:30　入場者23,431人
（2勝1敗）

	1	2	3	4	5	6	7	8	9		R
チャイニーズタイペイ	0	0	1	1	0	0	0	0	0	-	2
韓国	0	0	0	0	0	0	3	X		-	3

（2勝1敗）
【チ】陽耀勳、王鏡銘、羅錦龍、●郭泓志 － 高志綱
【韓】チャン・ウォンジュン、ノ・ギョンウン、
　　　パク・ヒス、ソン・スンラク、
　　　○チャン・ウォンサム、(S) オ・スンファン
　　　－ カン・ミンホ、チン・ガプヨン
本塁打【韓】カン・ジョンホ1号（8回2ラン 郭泓志）

第2ラウンド1組（Game 2）
3月8日（金）東京ドーム　開始19:08　入場者43,527人
（1勝0敗）

	1	2	3	4	5	6	7	8	9	10		R
日本	0	0	0	0	0	0	2	1	1		-	4
チャイニーズタイペイ	0	0	1	0	1	0	1	0	0		-	3

（0勝1敗）
（延長10回）
【日】能見、攝津、田中、山口、澤村、○牧田、(S) 杉内
　　　－ 阿部、相川、炭谷
【チ】王建民、潘威倫、郭泓志、王鏡銘、●陳鴻文、
　　　林羿豪、陽耀勳 － 林泓育、高志綱

第2ラウンド1組（Game 3）
3月9日（土）東京ドーム　開始19:00　入場者12,884人
（0勝2敗）

	1	2	3	4	5	6	7		R
チャイニーズタイペイ	0	0	0	0	0	0		-	0
キューバ	2	0	0	4	0	8	X	-	14

（1勝1敗）
（7回コールド）
【チ】●羅錦龍、陽耀勳、林煜清、王溢正、曾仁和
　　　－ 高志綱
【キ】○Betancourt、N.Gonzalez、Iglesias － Morejon、Sanchez
本塁打【キ】Cepeda 1号（1回2ラン 羅錦龍）、
　　　　　　Tomas 2号（4回3ラン 陽耀勳）、
　　　　　　Abreu 2号（6回2ラン 王溢正）、
　　　　　　A.Despaigne 3号（6回ソロ 曽仁和）

2015年　プレミア12

1次ラウンドグループA　（Game 2）

11月9日（月）台中洲際棒球場　開始 18:45　入場者 16,188人

（1勝0敗）

オランダ	1	3	0	0	0	0	0	0	3	-	7
チャイニーズタイペイ	1	0	0	1	0	1	0	0	1	-	4

（0勝1敗）

【蘭】Markwell、Stuifbergen、○Martis、Cornelisse、
　　　（S）Van Mil － Zarraga
【チ】●陳冠宇、潘威倫、陳禹勳、羅嘉仁、林柏佑、
　　　陳鴻文 － 林泓育
本塁打【蘭】De Caster 1号（2回2ラン 陳冠宇）
　　　【チ】陽岱鋼1号（1回ソロ Markwell）、
　　　　　　林泓育1号（6回ソロ Martis）

1次ラウンドグループA　（Game 12）

11月11日（水）台中洲際棒球場　開始 18:35　入場者 8,517人

（1勝1敗）

チャイニーズタイペイ	2	0	1	1	0	0	2	0	1	-	7
イタリア	0	0	0	0	1	0	0	0	0	-	1

（0勝2敗）

【チ】○郭俊麟、陳禹勳、陳鴻文 － 林泓育、高志綱
【イ】●Panerati、Corradini、Oberto、Pizziconi
　　　－ Mineo、Bertagnon
本塁打【チ】林智勝 1号（3回ソロ Panerati）、
　　　　　　郭嚴文1号（9回ソロ Pizziconi）
　　　【イ】Sambucci 1号（5回ソロ 郭俊麟）

1次ラウンドグループA　（Game 18）

11月12日（木）台中洲際棒球場　開始 18:35　入場者 10,245人

（3勝0敗）

カナダ	0	0	1	3	0	3	0	2	0	-	9
チャイニーズタイペイ	0	2	0	0	2	1	0	3	0	-	8

（1勝2敗）

【カ】○Hill、Lotzkar、Rakkar、Albers、
　　　（S）Molleken － Deglan
【チ】倪福徳、呂彦青、●林子崴、陳冠宇、陳禹勳、
　　　羅嘉仁、林柏佑、陳鴻文 － 林泓育、高志綱、
　　　張進德
本塁打【カ】O'Neill 2号（8回ソロ 羅嘉仁）、
　　　　　　Tosoni 1号（8回ソロ 林柏佑）
　　　【チ】陳俊秀 1号（2回2ラン 陳冠宇）、
　　　　　　王柏融1号（5回2ラン Hill）、
　　　　　　林智勝 2号（6回ソロ Lotzkar）

1次ラウンドグループA　（Game 24）

11月14日（土）台中洲際棒球場　開始 18:38　入場者 17,503人

（2勝2敗）

キューバ	0	0	0	0	0	1	0	0	0	-	1
チャイニーズタイペイ	0	1	0	0	0	0	0	3	X	-	4

（2勝2敗）

【キ】Yera、Lahera、●Garcia、Betancourt、Cano － Alarcon
【チ】宋家豪、陳禹勳、羅嘉仁、○陳威倫、
　　　（S）陳鴻文 － 張進德
本塁打【チ】林智勝 3号（8回3ラン Betancourt）

1次ラウンドグループA　（Game 26）

11月15日（日）台中洲際棒球場　開始 12:34　入場者 17,436人

（2勝3敗）

チャイニーズタイペイ	0	0	1	0	0	0	0	0	0	2	1	4
プエルトリコ	0	0	1	0	0	0	0	0	2	4X		7

（2勝3敗）

（延長12回）　※10回からタイブレーク制
【チ】郭俊麟、陳禹勳、陳鴻文、陳冠宇、
　　　●潘威倫 － 張進德、高志綱
【プ】Santiago、Martinez、Pagan、Fuentes、
　　　○Fontanez － Santos
本塁打【チ】林智勝 4号（4回ソロ Santiago）
　　　【プ】Mendez 2号（12回満塁 潘威倫）

2017年　ワールドベースボールクラシック

第1ラウンドA組　　(Game 2)
3月7日（火）高尺スカイドーム　開始12:00　入場者3,287人

イスラエル	4	0	2	0	0	0	5	1	3	-	15
チャイニーズタイペイ	0	0	0	0	0	3	0	0	4	-	7

（1勝0敗）イスラエル
（0勝1敗）チャイニーズタイペイ

【イ】○Baker、Orlan、Herron、Axelrod、Burawa、Neiman、Kremer — Lavarnway、Rickles
【チ】●郭俊麟、陳冠宇、蔡明晋、倪福徳、林晨樺、羅國華 — 鄭達鴻
本塁打【イ】Lavarnway 1号（3回2ラン 陳冠宇）、Freiman1号（9回3ラン 羅國華）

第1ラウンドA組　　(Game 4)
3月8日（水）高尺スカイドーム　開始18:30　入場者3,606人

チャイニーズタイペイ	0	0	2	0	3	0	0	0	0	-	5
オランダ	0	1	0	3	0	0	0	1	X	-	6

（0勝2敗）チャイニーズタイペイ
（2勝0敗）オランダ

【チ】宋家豪、江少慶、倪福徳、●陳鴻文 — 林琨笙
【蘭】Jurrjens、Huijer、Bolsenbroek、○Martis — Ricardo
本塁打【チ】張志豪1号（5回2ラン Huijer）

第1ラウンドA組　　(Game 6)
3月9日（木）高尺スカイドーム　開始18:30　入場者12,000人

韓国	1	5	0	2	0	0	0	0	0	0	3		11
チャイニーズタイペイ	0	3	0	2	0	2	1	0	0	0	0		8

（1勝2敗）韓国
（0勝3敗）チャイニーズタイペイ
（延長11回）

【韓】ヤン・ヒョンジョン、シム・チャンミン、チャ・ウチャン、チャン・シファン、ウォン・ジョンヒョン、イ・ヒョンスン、○オ・スンファン — ヤン・ウィジ
【チ】陳冠宇、郭俊麟、潘威倫、黃勝雄、林晨樺、王鏡銘、●陳鴻文、蔡明晋 — 林琨笙
本塁打【韓】キム・テギュン1号（10回2ラン 陳鴻文）
　　　　【チ】林哲瑄1号（4回2ラン シム・チャンミン）

2017年　アジア プロ野球チャンピオンシップ

11月17日（金）東京ドーム　開始19:03　入場者6,040人

チャイニーズタイペイ	0	0	0	0	0	0	0	0	0	-	0
韓国	0	0	0	0	0	1	0	0	X	-	1

（0勝1敗）チャイニーズタイペイ
（1勝0敗）韓国

【チ】●陳冠宇、王鴻程、彭識穎、王躍霖 — 嚴宏鈞
【韓】○イム・ギヨン、パク・チンヒョン、（S）チャン・ピルジュン — ハン・スンテク

11月18日（土）東京ドーム　開始18:41　入場者35,473人

日本	0	1	0	0	2	0	3	1	1	-	8
チャイニーズタイペイ	0	0	0	0	0	0	0	0	2	-	2

（2勝0敗）日本
（0勝2敗）チャイニーズタイペイ

【日】○今永、野田、近藤、平井、堀 — 田村、若月
【チ】●林政賢、羅國華、彭識穎、朱俊祥、王鴻程、王躍霖、邱浩鈞、陳禹勳 — 嚴宏鈞、林祐樂
本塁打【日】外崎1号（2回ソロ 林政賢）
　　　　【チ】朱育賢1号（9回ソロ 平井）

台湾代表チーム（チャイニーズタイペイ）　主な国際大会での戦績

2019年　プレミア12

オープニングラウンド・グループB（Game 8）
11月5日（火）台中洲際棒球場　開始18:30　入場者11,852人
（0勝1敗）

	1	2	3	4	5	6	7	8	9		R
プエルトリコ	0	0	0	0	1	0	0	0	0	-	1
チャイニーズタイペイ	2	0	0	0	3	1	0	0	X	-	6

（1勝0敗）

【プ】●F.Cruz、M.Martinez、B.Escanio、
　　　E.Nieves ─ W.Rodriguez
【チ】○江少慶、陳冠宇、陳禹勳、陳鴻文 ─ 張進德
本塁打【チ】林立 1号（1回2ラン F.Cruz）

オープニングラウンド・グループB（Game10）
11月6日（水）台中洲際棒球場　開始18:30　入場者10,983人
（2勝0敗）

	1	2	3	4	5	6	7	8	9		R
チャイニーズタイペイ	0	0	0	0	0	0	2	0	1	-	3
ベネズエラ	0	0	0	0	0	0	0	0	0	-	0

（0勝2敗）

【チ】○張奕、陳冠宇、林凱威、（S）陳鴻文
　　　─ 林泓育、高宇杰
【ベ】H.Alvarez、L.Breto、A.Angulo、L.Martinez、
　　　●M.Socolovich、C.Navas、C.Alvarado ─ J.Apodaca

オープニングラウンド・グループB（Game 12）
11月7日（木）台中洲際棒球場　開始18:30　入場者20,465人
（3勝0敗）

	1	2	3	4	5	6	7	8	9		R
日本	2	0	2	0	0	1	0	0	3	-	8
チャイニーズタイペイ	0	0	0	0	0	0	0	0	1	-	1

（2勝1敗）

【日】今永、○大野雄、山岡、甲斐野、岸、山本 ─ 會澤
【チ】●廖乙忠、王宗豪、胡智為、王躍霖、林凱威、
　　　陳禹勳 ─ 林泓育、高宇杰
本塁打【日】鈴木 2号（3回2ラン 王宗豪）

スーパーラウンド（Game 19）
11月11日（月）ZOZOマリンスタジアム　開始12:00　入場者2,803人
（0勝2敗）

	1	2	3	4	5	6	7	8	9		R
チャイニーズタイペイ	0	0	0	0	0	0	0	0	0	-	0
メキシコ	0	0	0	1	1	0	0	0	X	-	2

（2勝0敗）

【チ】●江少慶、陳冠宇、王躍霖 ─ 張進德、高宇杰
【メ】○A.Reyes、J.Cruz、H.Castellanos、B.Bernardino、
　　　F.Gonzalez、（S）C.Bustamante ─ R.Solis
本塁打【メ】R.Solis 2号（5回ソロ 江少慶）

スーパーラウンド（Game 23）
11月12日（火）ZOZOマリンスタジアム　開始19:00　入場者4,056人
（1勝2敗）

	1	2	3	4	5	6	7	8	9		R
チャイニーズタイペイ	0	2	0	1	0	0	3	0	1	-	7
韓国	0	0	0	0	0	0	0	0	0	-	0

（2勝2敗）

【チ】○張奕、陳冠宇、陳鴻文 ─ 高宇杰
【韓】●キム・グァンヒョン、ハ・ジェフン、
　　　コ・ウソク、ウォン・ジョンヒョン、
　　　ハム・ドクチュ、ムン・ギョンチャン
　　　─ ヤン・ウィジ、パク・セヒョク
本塁打【チ】陳俊秀 1号（7回3ラン ウォン・ジョンヒョン）

スーパーラウンド（Game 27）
11月15日（金）東京ドーム　開始12:00　入場者4,967人
（1勝3敗）

	1	2	3	4	5	6	7	8	9		R
チャイニーズタイペイ	0	0	1	0	0	1	0	0	0	-	2
米国	1	0	0	0	0	0	2	0	X	-	3

（2勝3敗）

【チ】●呉昇峰、王躍霖、陳冠宇、陳鴻文
　　　─ 張進德、高宇杰
【米】P.Dunshee、C.Andrews、B.Flynn、W.Mills、
　　　○S.Jones、N.Song、（S）B.Dickson ─ E.Kratz
本塁打【チ】胡金龍 1号（6回ソロ B.Flynn）
　　　【米】B.Rooker 3号（7回2ラン 呉昇峰）

スーパーラウンド　（Game 29）
11月16日（土）東京ドーム　開始12:00　入場者7,299人
（1勝4敗）

	1	2	3	4	5	6	7	8	9		R
オーストラリア	0	0	0	0	0	1	0	0	0	-	1
チャイニーズタイペイ	0	0	1	0	0	0	0	4	X	-	5

（2勝3敗）

【豪】D.Ruzic、S.Kent、P.Moylan、●J.Tols、R.Searle、
　　　J.Kennedy ─ A.De San Miguel
【チ】胡智為、林凱威、王宗豪、王躍霖、○陳禹勳、
　　　陳鴻文 ─ 高宇杰
本塁打【豪】L.Wade 1号（6回ソロ 林凱威）
　　　【チ】林哲瑄 1号（8回3ラン R.Searle）

20

2021年 台湾プロ野球 公式戦日程表 3月

試合開始時間：平日18時35分　土曜日17時05分
日曜日3/14のみ17時05分、3/21以降は14時05分　★印は18時05分
3月の祝日▶・1日　振替休日（和平記念日）

球場 チーム		ティエンムー（天母）味全	シンジュアン（新荘）富邦	タオユエン（桃園）楽天	ジョウジー（洲際）中信兄弟	タイナン（台南）統一
1	月					
2	火					
3	水					
4	木					
5	金					
6	土					
7	日					
8	月					
9	火					
10	水					
11	木					
12	金					
13	土					統一 - 中信
14	日				中信 - 富邦	統一 - 味全
15	月					
16	火					統一 - 楽天
17	水				中信 - 味全	統一 - 楽天
18	木				中信 - 味全	統一 - 富邦
19	金		富邦 - 楽天		中信 - 味全	
20	土		富邦 - 楽天			統一 - 味全 （チェンチンフー/澄清湖）開催
21	日		富邦 - 楽天			統一 - 中信 （チェンチンフー/澄清湖）開催
22	月					
23	火			楽天　味全	中信 - 富邦 （チェンチンフー/澄清湖）開催	
24	水			楽天 - 統一	中信 - 富邦 （チェンチンフー/澄清湖）開催	
25	木			楽天 - 統一	中信 - 味全 （チェンチンフー/澄清湖）開催	
26	金	味全 ★ 富邦		楽天 - 統一		
27	土	味全 - 富邦			中信 - 統一	
28	日	味全 - 富邦			中信 - 楽天	
29	月					
30	火		富邦 - 統一	楽天 - 味全		
31	水		富邦 - 中信	楽天 - 味全		

2021年 台湾プロ野球 公式戦日程表 **4月**

試合開始時間：平日18時35分　土曜日・休日17時05分　日曜日14時05分
★印は18時05分
4月の祝日▶・2日　振替休日（児童節）　・5日　振替休日（清明節）

球場 チーム		ティエンムー（天母） 味全	シンジュアン（新荘） 富邦	タオユエン（桃園） 楽天	ジョウジー（洲際） 中信兄弟	タイナン（台南） 統一
1	木		富邦 - 中信	楽天 - 統一		
2	金		富邦 - 中信			統一 - 味全
3	土			楽天 - 中信		統一 - 味全
4	日			楽天 - 富邦		統一 - 味全
5	月	味全 - 中信				
6	火		富邦 - 統一			
7	水	味全 - 楽天 （ジャーイーシ/嘉義市）開催	富邦 - 統一			
8	木	味全 - 楽天 （ジャーイーシ/嘉義市）開催	富邦 - 中信			
9	金	味全 ★ 楽天			中信 - 統一	
10	土		富邦 - 楽天		中信 - 統一	
11	日		富邦 - 味全		中信 - 統一	
12	月					
13	火	味全 - 中信 （チェンチンフー/澄清湖）開催				統一 - 楽天
14	水	味全 - 中信 （チェンチンフー/澄清湖）開催				統一 - 富邦
15	木	味全 - 楽天 （チェンチンフー/澄清湖）開催				統一 - 富邦
16	金			楽天 - 中信		統一 - 富邦
17	土	味全 - 富邦		楽天 - 中信		
18	日	味全 - 統一		楽天 - 中信		
19	月					
20	火		富邦 - 統一		中信 - 楽天	
21	水		富邦 - 味全		中信 - 楽天	
22	木		富邦 - 味全		中信 - 統一	
23	金		富邦 - 味全			統一 - 楽天
24	土				中信 - 味全	統一 - 楽天
25	日				中信 - 富邦	統一 - 楽天
26	月					
27	火	味全 - 統一 （ホァリェン/花蓮）開催			中信 - 富邦	
28	水	味全 - 統一 （ホァリェン/花蓮）開催			中信 - 楽天	
29	木	味全 - 富邦 （ホァリェン/花蓮）開催			中信 - 楽天	
30	金		富邦 - 統一		中信 - 楽天	

2021年
台湾プロ野球
公式戦日程表
5月

試合開始時間・平日18時35分　土曜日17時05分
　　　　　　　日曜日5/9まで14時05分、5/16以降は17時05分　★印は18時05分

5月の祝日▶

球場 / チーム		ティエンムー(天母) 味全	シンジュアン(新荘) 富邦	タオユエン(桃園) 楽天	ジョウジー(洲際) 中信兄弟	タイナン(台南) 統一
1	土	味全 - 楽天	富邦 - 統一			
2	日	味全 - 中信	富邦 - 統一			
3	月					
4	火	味全 - 中信 (チェンチンフー/澄清湖) 開催		楽天 - 富邦		
5	水	味全 - 統一 (チェンチンフー/澄清湖) 開催		楽天 - 富邦		
6	木	味全 - 統一 (チェンチンフー/澄清湖) 開催		楽天 - 中信		
7	金	味全 ★ 統一			中信 - 富邦	
8	土			楽天 - 統一	中信 - 富邦	
9	日			楽天 - 味全	中信 - 富邦	
10	月					
11	火			楽天 - 味全		統一 - 中信
12	水			楽天 - 富邦		統一 - 中信
13	木			楽天 - 富邦		統一 - 味全
14	金	味全 ★ 中信		楽天 - 富邦		
15	土	味全 - 中信				統一 - 富邦
16	日	味全 - 中信				統一 - 楽天
17	月					
18	火		富邦 - 味全			統一 - 楽天 (チェンチンフー/澄清湖) 開催
19	水		富邦 - 味全			
20	木		富邦 - 楽天			統一 - 中信 (チェンチンフー/澄清湖) 開催
21	金			楽天 - 味全		統一 - 中信 (チェンチンフー/澄清湖) 開催
22	土		富邦 - 中信	楽天 - 味全		
23	日		富邦 - 統一	楽天 - 味全		
24	月					
25	火		富邦 - 味全	楽天 - 統一		
26	水		富邦 - 中信			
27	木					統一 - 味全
28	金				中信 - 楽天	統一 - 富邦
29	土				中信 - 楽天	統一 - 富邦
30	日			楽天 - 富邦	中信 - 味全	
31	月					

2021年
台湾プロ野球
公式戦日程表 **6**月

試合開始時間：平日18時35分
　　　　　　土曜日・日曜日17時05分　★印は18時05分
6月の祝日 ▶・14日　端午節

球場 チーム		 ティエンムー（天母） 味全	 シンジュアン（新荘） 富邦	 タオユエン（桃園） 楽天	 ジョウジー（洲際） 中信兄弟	 タイナン（台南） 統一
1	火			楽天 - 富邦	中信 - 味全	
2	水	味全 - 楽天 （ドウリョウ/斗六）開催				統一 - 中信
3	木		富邦 - 楽天			
4	金	味全 ★ 統一	富邦 - 楽天			
5	土	味全 - 統一	富邦 - 中信			
6	日	味全 - 楽天				統一 - 中信
7	月					
8	火	味全 - 富邦 （チェンチンフー/澄清湖）開催			中信 - 統一	
9	水	味全 - 富邦 （チェンチンフー/澄清湖）開催			中信 - 統一	
10	木			楽天 - 中信		
11	金			楽天 - 中信		
12	土			楽天 - 統一		
13	日		富邦 - 味全			
14	月					
15	火					
16	水					
17	木					
18	金					
19	土					
20	日					
21	月					
22	火					
23	水					
24	木					
25	金					
26	土					
27	日					
28	月					
29	火					
30	水					
31	木					

※2021年は野球代表チームが参加する東京オリンピックの予選が6月に行われ、予選通過の場合は7〜8月に開催予定の五輪本大会に出場となります。そのためシーズン後半の公式戦日程は後日発表の予定です。

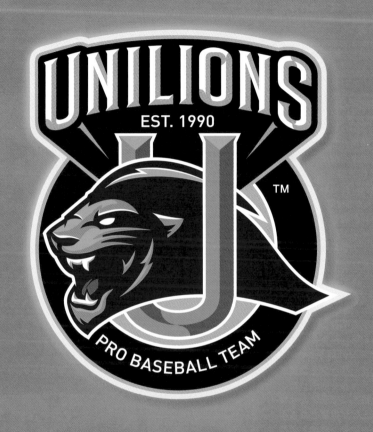

統一7-ELEVEnライオンズ
統一7-ELEVEn獅

統一7-ELEVEnライオンズ

とう いつ セブンイレブン

トンイー セブンイレブン シー

球団情報	統一棒球隊股份有限公司 創立：1989年1月1日　GM：蘇泰安　本拠地：台南市立棒球場 球団事務所：台南市南區健康路一段257號　TEL：06-215-3399 http://www.uni-lions.com.tw

2020年シーズン回顧と2021年の展望

　昨季は開幕から外国人投手の不振と相次ぐ離脱により出鼻を挫かれ前期を3位で終えるも、後期は猛威爾、布雷克、泰迪の3人が加わり先発ローテーションが固まると勢いに乗り、シーズン最終戦で優勝。台湾シリーズでは林岳平監督の臨機応変な采配も光り、劇的なシリーズ制覇を果たした。投手陣はチーム最多勝が施子謙の8勝、規定投球回に到達した投手も不在だった一方、打線は林安可、蘇智傑、陳傑憲のイケメン外野手3人組が中心となり、リーグトップの得点数でチームを牽引した。

　連覇を目指す今季は先発投手陣の底上げが重要となる中、猛威爾、布雷克、泰迪と再契約。彼らが昨季のように機能し、期待の若手右腕である古林睿煬が加われば不安は解消される。野手は迫力ある上位打線に比べ、下位打線がやや手薄。若くして高い守備力を誇る林靖凱、遊撃のレギュラーとなった林祖傑の打撃面での成長に期待したい。

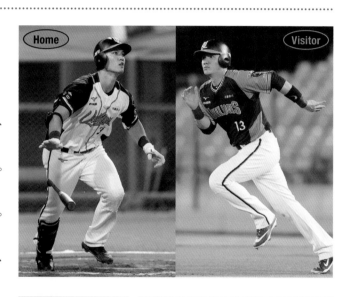

Home　Visitor

マスコット
萊恩

チアリーダー
UniGirls

年度別成績

年度	順位		チーム名	試合	勝	敗	分	勝率
1990		3	統一ライオンズ	90	37	49	4	0.430
1991	★	1	統一ライオンズ	90	46	34	10	0.575
1992		3	統一ライオンズ	90	41	45	4	0.477
1993		1	統一ライオンズ	90	54	34	2	0.614
1994		2	統一ライオンズ	90	48	38	4	0.558
1995	★	1	統一ライオンズ	100	62	36	2	0.633
1996	★	1	統一ライオンズ	100	60	37	3	0.619
1997		1	統一ライオンズ	96	58	31	7	0.652
1998		2	統一ライオンズ	105	57	45	3	0.559
1999		2	統一ライオンズ	93	56	37	0	0.602
2000	★	2	統一ライオンズ	90	44	43	3	0.506
2001		1	統一ライオンズ	90	49	37	4	0.570
2002		4	統一ライオンズ	90	32	54	4	0.372
2003		3	統一ライオンズ	100	54	39	7	0.581
2004		1	統一ライオンズ	100	54	40	6	0.574
2005		3	統一ライオンズ	100	48	49	3	0.495
2006		2	統一ライオンズ	100	48	45	7	0.516
2007	★	1	統一ライオンズ	100	58	41	1	0.586
2008	★	1	統一7-ELEVEnライオンズ	100	67	33	0	0.670
2009	★	1	統一7-ELEVEnライオンズ	120	63	54	3	0.538
2010		4	統一7-ELEVEnライオンズ	120	54	63	3	0.462
2011	★	2	統一7-ELEVEnライオンズ	120	65	52	3	0.556
2012		1	統一7-ELEVEnライオンズ	120	71	48	1	0.597
2013	★	1	統一7-ELEVEnライオンズ	120	62	55	3	0.530
2014		2	統一7-ELEVEnライオンズ	120	58	55	7	0.513
2015		4	統一7-ELEVEnライオンズ	120	49	69	2	0.415
2016		3	統一7-ELEVEnライオンズ	120	55	65	0	0.458
2017		2	統一7-ELEVEnライオンズ	120	57	61	2	0.483
2018		2	統一7-ELEVEnライオンズ	120	64	55	1	0.538
2019		4	統一7-ELEVEnライオンズ	120	48	70	2	0.407
2020	★	3	統一7-ELEVEnライオンズ	120	58	61	1	0.487
通算				3254	1677	1475	102	0.532

球団小史■CPBL発足時の4球団の中で、現在まで32年間、運営会社が変わらない唯一のチーム。リーグ発足時から、南部、台南を本拠地にしている。2008年からはブランド名が広く認知されているグループ内の企業「7-ELEVEn」をチーム名に採用。2010年代中盤からは低迷が続いていたが、昨年、後期シーズンで7年ぶりに半期優勝を果たすと、台湾シリーズも、1勝3敗の劣勢から劇的な大逆転で制した。優勝回数はリーグ最多の10回。

古都で際立つ鮮やかな橙色

台南市立棒球場

たいなんしりつきゅうじょう
タイナンシーリー バンチョウチャン

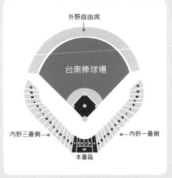

外野自由席

台南棒球場

内野三壘側 ←　→ 内野一壘側

本壘區

住所：台南市南區健康路一段257號
TEL：06-215-3399
収容人員：11,000人
天然芝
中堅：122m（400ft）　両翼　103m（339ft）

鮮やかな色彩でファンを迎える

台北から南西に約310km。人口約187万人の台南は、17世紀中期から224年間、台湾の首府として政治、文化の中心として栄え、今も歴史的価値のある史跡や文化財が残る街だ。また、各種のグルメも名高く、街歩きが楽しい。市中心部の運動公園の中にある野球場は、日本統治時代の1931年に竣工。その後、改修工事を重ね、現在に至っている。球場正面には「牌樓」と呼ばれる独特の色使いをした中国伝統的建築の門が立てられ、訪れた者の気分を高ぶらせてくれる。統一7-ELEVEnライオンズの本拠地であり、2020年は55試合開催された。

地元っ子と一緒に選手に声援

グラウンドレベルよりも高い位置に座席があるが、グラウンドとの距離はあまり感じない。内野席の外野寄りからの眺めは陸上競技場を思わせる。座席の間に照明塔や屋根の支柱があり、場所によっては死角が生じるのはやむを得ないところだ。外野席は開放感があり、夜間風が吹くと気持ちがいい。ライト線脇のフィールドシート「鑽石席」は是非体験したい。

台南市立棒球場　周辺地図

アクセス

要チェック!!

高鉄台南駅は、台鉄台南駅の南東11kmの位置にあり、市中心部から離れています。高鉄台南から台鉄台南駅に行くには、高鉄台南駅に隣接する台鉄沙崙駅で乗り換えとなります。所要時間約25分。

台北から台南市内へ
・高速鉄道（高鉄）で高鉄台南駅まで約1時間45分。その他に在来線（台鉄）の特急、高速バスのルートもあり。

台南市内から球場へ
・台鉄台南駅前から0左、0右、5番バスなどで體育公園（台南大學）下車、約20分。タクシーで約10分（約2.5km）。

中信兄弟

楽天桃猿

富邦悍將

味全龍

11 林岳平 りん・がくへい　ルォ・ユエビン　LIN YUEH PING
監督　39歳　17年目　右右　1982.1.28　176cm70kg
①三民高中-統一(05-17)-統一コーチ(18-19)-統一監督(20)④救(09)④アジア大会(02,06)、WBC(09)

34 高志綱 こう・しこう　ガオ・ジーガン　KAO CHIH KANG
ヘッドコーチ　40歳　17年目　右右　1981.2.7　178cm75kg
①穀保家商-台湾体院-統一(05-18)-統一コーチ(19)②ベ(07,09,12,13)、ゴ(09,10)④アジア大会(02,06,10)、アテネ五輪(04)、WBC(06,09,13)、北京五輪(08)、プレミア12(15)

76 納瓦洛 ハイメ・ナバーロ　ナワルォ(プエルトリコ)　JAIME NAVARRO
投手コーチ　54歳　2年目　右右　1967.3.27　193cm95kg
①マイアミデード大-ブルワーズ-カブス-ホワイトソックス-ブルワーズ-ロッキーズ-インディアンス-米独立L-メキシカンL-レッズ-米独立L-統一コーチ(20)

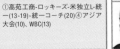

71 羅錦龍 ら・きんりゅう　ルォ・ジンロン　LO CHING LUNG
ブルペンコーチ　36歳　9年目　右右　1985.8.20　196cm103kg
①高苑工商-ロッキーズ-米独立L-統一(13-19)-統一コーチ(20)④アジア大会(10)、WBC(13)

84 卡麥隆 カルメロ・マルティネス　カーマイロン(プエルトリコ)　CARMELO MARTINEZ
●打撃コーチ　60歳　1年目　右右　1960.7.28　185cm109kg
①ホセ・サントス・アレグリア高-カブス-パドレス-フリーズ-パイレーツ-ロイヤルズ-レッズ-マリナーズ-メキシカンL-インディアンス-メキシカンL-統一コーチ(21)⑤マルティネス

92 劉育辰 りゅう・いくしん　リョウ・ユーチェン　LIU YU CHEN
打撃コーチ　36歳　13年目　右右　1985.2.3　176cm76kg
①南英商工-中国文化大学-統一(09-16)-統一コーチ(17)

70 周廣勝 しゅう・こうしょう　ジョウ・グァンシェン　CHOU KUANG SHENG
内野守備コーチ兼三塁ベースコーチ　37歳　12年目　右右　1984.12.13　170cm75kg
①台東農工-台北体院-統一(10-17)-統一コーチ(17)

96 郭俊佑 かく・しゅんゆう　グォ・ジュンヨウ　KUO CHUN YU
外野守備走塁コーチ兼一塁ベースコーチ　37歳　6年目　右右　1984.4.20　177cm90kg
①台中農工-台湾体院-統一(08-16)-統一コーチ(17)

82 陳俊輝 ちん・しゅんき　チェン・ジュンフイ　CHEN CHUN HUI
バッテリーコーチ　40歳　17年目　右右　1981.3.8　180cm90kg
①台東農工-嘉義大学-統一(05-15)-統一コーチ(16)

85 涂壯勳 と・そうくん　トゥ・ジュアンシュン　TU CHUANG HSUN
トレーニングコーチ　39歳　16年目　右右　1982.7.26　181cm88kg
①南英商工-中国文化大学-統一(06-16)-統一コーチ(17)

98 高建三 こう・けんさん　ガオ・ジェンサン　KAO CHIEN SAN
二軍監督　48歳　24年目　右右　1973.11.5　175cm93kg
①華興中学-輔仁大学-和信(98-01)-中信(02-07)-統一(16)中信(16,12)④アジア大会(94)

81 鄭博壬 てい・はくじん　ジェン・ボーレン　CHENG PO JEN
二軍投手コーチ　39歳　16年目　右右　1982.10.17　182cm75kg
①穀保家商-台北体院-統一(06-09)-統一コーチ(10)

58 陳連宏 ちん・れんこう　チェン・リェンホン　CHEN LIEN HUNG
二軍総合打撃コーチ　48歳　24年目　右右　1973.9.13　190cm105kg
①新民商工-和信(97-01)-中信(02)-統一(03-11)-統一コーチ(12-13)-統一監督(14-15)-統一コーチ(16)-富邦コーチ(18)-富邦監督(18-19)-統一コーチ(20)②ベ(98,99,00,03)、ゴ(98)④アジア大会(94)

91 莊景賀 そう・けいが　ジュアン・ジンヘ　CHUANG CHING HE
二軍内野守備コーチ　43歳　21年目　右右　1978.5.12　186cm86kg
①南英商工-TML-台中金剛(01-02)-誠泰太陽(03)-誠泰(04-07)-統一(08-11)-統一コーチ(12)④アジア大会(98)

61 朱元勤 しゅ・げんきん　ジュ・ユエンチン　CHU YUAN CHIN
二軍外野守備走塁コーチ　35歳　11年目　右右　1986.7.17　179cm82kg
①強恕中学-国立体院-統一(11-19)-統一コーチ(20)

89 林偉 りん・い　リン・ウェイ　LIN WEI
二軍バッテリーコーチ　35歳　12年目　右右　1986.5.19　174cm90kg
①強恕中学-国立体院-統一(10-14)-統一コーチ(15)

72 高政華 こう・せいか　ガオ・ジェンホァ　KAO CHENG HUA
二軍トレーニングコーチ　44歳　22年目　右右　1977.7.1　179cm87kg
①東海中学-統一(00-10)-統一コーチ(11)

80 莊駿凱 そう・しゅんがい　ジュアン・ジュンカイ　CHUANG CHUN KAI
二軍コーチ補佐　30歳　7年目　右右　1991.12.15　170cm68kg
①南英商工-長栄大学-統一(15-20)-統一コーチ(21)

背番号　漢字名　日本語読み　現地読み(国籍)　英語　役職　年齢　年数(CPBL)　投打　生年月日　身長体重
①経歴②タイトル歴④代表歴⑤NPBでの登録名　記号:●…新入団(新任)、▲…移籍、■…復帰

12 陳韻文

ちん・いんぶん
チェン・ユンウェン
CHEN YUN WEN

投手 26歳 8年目
右右 1995.11.28 183cm97kg

①屏東高中-統一(14)②救(19,20)③155キロの直球と打者の手元で急激に落ちるフォークを武器に、2年連続でセーブ王を獲得した統一の抑え投手。課題だった与四球率も年々向上しており、死角が無くなりつつある。残り17と迫った通算100セーブは通過点だ。④WBC(17)

年度	チーム	防御率	試合	勝利	敗戦	セーブ	投球回	安打	四球	三振
2014										
2015	統一	5.62	10	0	1	0	16	18	9	17
2016	統一	7.76	35	5	7	6	60 1/3	79	27	60
2017	統一	3.60	55	3	3	11	60	50	29	62
2018	統一	3.72	49	3	1	19	46	35	21	61
2019	統一	3.02	48	2	3	24	47 2/3	36	18	55
2020	統一	2.09	56	5	2	23	56	42	19	54
通算		4.22	253	18	17	83	286	274	123	309

18 潘威倫

けん・いりん
パン・ウェイルン
PAN WEI LUN

投手 39歳 19年目
右右 1982.3.5 182cm98kg

①美和中学-輔仁大学-統一(03)②新(03)、防(09)、勝(07)、べ(07)、ゴ(03,06,10)③台湾プロ野球通算最多勝記録を持つ大ベテランは、リーグ史上初の2000投球回を達成した。全盛期のスピードはないが、打者の読みを外す投球術は天下一品。昨季終盤にリリーフへ配置転換も、今季は先発復帰に意欲を燃やす。④アジア大会(02,06,10)、アテネ五輪(04)、WBC(06,13,17)、北京五輪(08)、プレミア12(15)

年度	チーム	防御率	試合	勝利	敗戦	セーブ	投球回	安打	四球	三振
2014	統一	2.59	10	5	1	0	62 2/3	66	14	21
2015	統一	4.75	25	9	9	0	153 1/3	213	33	60
2016	統一	5.33	13	5	2	0	52 1/3	76	3	23
2017	統一	3.97	17	6	3	0	93	104	23	62
2018	統一	7.50	1	0	0	0	6	11	0	1
2019	統一	5.10	8	8	7	0	120	157	24	63
2020	統一	8.62	19	2	6	0	62 2/3	106	14	32
通算		3.47	350	145	94	0	2001	2212	299	1137

4 劉予承

りゅう・よしょう
リョウ・ユーチェン
LIU YU CHENG

● 投手 19歳 2年目 右右 2002.2.3 175cm80kg

①穀保家商-統一(20)③抜群の身体能力が光る新人右腕。フォークと最速148キロの速球は魅力十分だが、ドラフト時は野手としても評価が高かった。

年度	防御率	試合	勝利	敗戦	セーブ	投球回	三振
2020	-	-	-	-	-	-	-
通算	-	-	-	-	-	-	-

16 江辰晏

こう・しんあん
ジャン・チェンイェン
CHIANG CHEN YEN

投手 26歳 9年目 左左 1995.6.3 175cm70kg

①西苑中学-統一(13)③伸びのある速球とチェンジアップ、スローカーブのコンビネーションが生命線。被本塁打を減らし、18年の8勝を上回りたい。

年度	防御率	試合	勝利	敗戦	セーブ	投球回	三振
2020	7.07	18	6	9	0	85 1/3	67
通算	5.39	131	27	36	0	538	449

17 林子崴

りん・しわい
リン・ズーウェイ
LIN TZU WEI

投手 26歳 7年目 左左 1995.9.17 179cm78kg

①穀保家商-中国文化大学-統一(15)③かつてのゴールデンルーキーも、トミー・ジョン手術のため全休と悔しい一年に。入団時の球威が戻れば貴重な戦力だ。④プレミア12(15)

年度	防御率	試合	勝利	敗戦	セーブ	投球回	三振
2020	-	-	-	-	-	-	-
通算	6.60	82	5	11	0	131	108

20 陳育軒

ちん・いくけん
チェン・ユーシュエン
CHEN YU HSUAN

投手 26歳 6年目 右右 1995.10.25 177cm72kg

①玉里高中-国立体大-統一(16)③昨季はプロ入り5年目で初の一軍登板◎。ゲームメイク能力に長けた右腕だが、一軍での活躍には、決め球となるボールを一つ作りたい。

年度	防御率	試合	勝利	敗戦	セーブ	投球回	三振
2020	-	-	-	-	-	-	-
通算	9.39	17	2	1	0	30.2	22

21 李慶隆

り・けいりゅう
リー・チンロン
LEE CHING LUNG

● 投手 20歳 2年目 右右 2001.9.10 186cm93kg

①穀保家商-統一(20)③スリークォーターから繰り出す右打者の懐を抉る速球が魅力。叔父の李國慶(元興農)もプロで投手としてプレーした。

年度	防御率	試合	勝利	敗戦	セーブ	投球回	三振
2020	-	-	-	-	-	-	-
通算	-	-	-	-	-	-	-

23 劉軒荅

りゅう・けんとう
リョウ・シュエンダ
LIU HSUAN TA

投手 25歳 4年目 右右 1996.11.23 180cm88kg

①高苑工商-国立体大-統一(18)③2年連続40登板の頼れるリリーフ右腕。昨季後半は、23登板で防御率2.67と好投しており、今季もブルペンの中心として期待。

年度	防御率	試合	勝利	敗戦	セーブ	投球回	三振
2020	5.75	42	3	5	0	51.2	28
通算	5.24	95	4	6	0	110	61

背番号　漢字名　日本語読み　現地読み(国籍)　英語　　ポジション　年齢　年数(CPBL)　投打　生年月日　身長体重
①経歴②タイトル歴③寸評④代表歴⑤NPBでの登録名　　記号●…新入団(新任)、▲…移籍、■…復帰

19 古林睿煬

こりん・えいよう
グーリン・ルイヤン
KU LIN JUI YANG

投手　21歳　4年目
右右　2000.6.12　184cm81kg

①平鎮高中-統一(18)③リーグ史上最年少で開幕投手に抜擢された未来のエース候補。抜群の伸びを見せる155キロの速球だけでなく、ナックルカーブや縦のスライダーの切れ味も一級品だ。プロ入り以来悩まされる故障体質から脱却できれば、二桁勝利が見える。

年度	チーム	防御率	試合	勝利	敗戦	セーブ	投球回	安打	四球	三振
2014	-	-	-	-	-	-	-	-	-	-
2015	-	-	-	-	-	-	-	-	-	-
2016	-	-	-	-	-	-	-	-	-	-
2017	-	-	-	-	-	-	-	-	-	-
2018	-	-	-	-	-	-	-	-	-	-
2019	統一	3.60	1	1	0		5	5	3	6
2020	統一	5.25	3	2	0	0	12	17	8	14
通算		4.76	4	2	1	0	17	22	11	20

45 施子謙

し・しけん
シ・ズーチェン
SHIH TZU CHIEN

投手　27歳　5年目
右右　1994.12.19　184cm96kg

①西苑中学-台湾体大-統一(17)②新(18)③チーム最多の8勝を挙げた主戦投手だが、甘く入ったボールを痛打され、被本塁打25本の歴代ワースト記録を樹立してしまった。過去2年悩まされた右膝の不調に別れを告げ、新人王を獲得した18年の投球を取り戻したい。

年度	チーム	防御率	試合	勝利	敗戦	セーブ	投球回	安打	四球	三振
2014	-	-	-	-	-	-	-	-	-	-
2015	-	-	-	-	-	-	-	-	-	-
2016	-	-	-	-	-	-	-	-	-	-
2017	統一	4.12	5	1	1	0	19 2/3	23	6	11
2018	統一	3.86	19	11	5	0	107 1/3	139	33	53
2019	統一	6.42	20	9	8	0	96 2/3	127	22	59
2020	統一	6.92	20	4	8	0	108	163	30	66
通算		5.62	64	25	22	0	331 2/3	452	91	189

26 泰迪

テディ・スタンキビッチ
タイディ(アメリカ合衆国)
TEDDY STANKIEWICZ

投手　28歳　2年目　右右　1993.11.25　190cm102kg

①セミノールステートカレッジ-レッドソックス-メキシカンL-統一(20)③ゲームメイク能力に長けた右腕で、大崩れしない投球が売り。昨季は打線の援護にも恵まれ、10先発で6勝を挙げた。

年度	防御率	試合	勝利	敗戦	セーブ	投球回	三振
2020	3.81	10	6	6	0	54.1	47
通算	3.81	10	6	6	0	54.1	47

29 楊淳弼

よう・じゅんひつ
ヤン・チュンビ
YANG CHUN PI

●投手　21歳　2年目　左左　2000.6.22　184cm85kg

①三民高中-台湾体大-統一(20)③球の出所が見えづらいフォームが売りのルーキー左腕。プロ入り後は投球フォームの固定と、コントロールの改善が優先課題。

年度	防御率	試合	勝利	敗戦	セーブ	投球回	三振
2020							
通算							

30 李其峰

り・きほう
リ・チーフォン
LI CHI FENG

●投手　24歳　2年目　右右　1997.10.14　180cm73kg

①興大附農-カブス-統一(20)③マイナー帰りのドラフト3位右腕。140キロ後半の速球と打者の手元で落ちるスライダーを武器に、リリーフ陣の一角を狙う。

年度	防御率	試合	勝利	敗戦	セーブ	投球回	三振
2020	9.00	1	0	0	0	1	2
通算	9.00	1	0	0	0	1	2

37 邱浩鈞

きゅう・こうきん
チョウ・ハオジュン
CHIU HAO CHUN

①平鎮高中-中国文化大学-統一(14)②中(18)③18年に最多ホールドを記録したリリーバーだが、19年の右肩故障以来、最大の武器であるスピードボールが鳴りを潜めている。④APBC(17)

投手　31歳　8年目　右右　1990.12.29　180cm70kg

年度	防御率	試合	勝利	敗戦	セーブ	投球回	三振
2020	17.28	9	0	0	0	8.1	12
通算	5.28	208	10	10	3	208	185

40 黃竣彥

こう・しゅんげん
ホアン・ジュンイェン
HUANG CHUN YEN

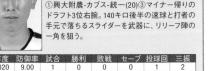

投手　28歳　5年目　右右　1993.10.6　190cm93kg

①東勢高工-高苑科技大学-統一(17)③長身から投げ下ろすフォークを武器に、リーグ3位の61試合に登板した。6敗はリリーフでは最多で安定感の向上が課題。

年度	防御率	試合	勝利	敗戦	セーブ	投球回	三振
2020	4.31	61	4	6	0	64.2	49
通算	4.09	133	6	8	2	138.2	110

41 王鏡銘

おう・きょうめい
ワン・ジンミン
WANG CHING MING

投手　35歳　12年目　右右　1986.01.16　176cm93kg

①台東体中-開南大学-統一(10)②新(10)③通算85ホールドのリリーフエースも、昨季は自己ワーストの12登板に終わった。速球で押せるかつての投球が蘇るか。④WBC(13,17)、プレミア12(15)

年度	防御率	試合	勝利	敗戦	セーブ	投球回	三振
2020	12.71	12	0	0	0	11.1	8
通算	4.57	407	54	42	20	760.1	560

13 陳鏞基

ちん・ようき
チェン・ヨンジー
CHEN YUNG CHI

内野手　38歳　11年目　右右　1983.7.13　179cm89kg

①高苑工商-国立体院-マリナーズ-アスレチックス-パイレーツ-統一(11)②ベ(14,17)③これまで攻守に安定感ある活躍でチームを支えたベテランは昨季対左投手に打率.398、得点圏で打率.391と勝負強さを見せ、二塁や遊撃も守るなど存在感を示した。今季は守備の負担を考慮し、一塁にコンバートの予定だ。④アテネ五輪(04)、WBC(06,13,17)、アジア大会(06,10)、プレミア12(15)

年度	チーム	打率	試合	打数	安打	本塁打	打点	盗塁	四球	三振
2014	統一	.314	100	353	111	6	54	14	29	58
2015	統一	.278	107	342	95	16	50	16	34	57
2016	統一	.327	99	394	129	20	95	11	35	87
2017	統一	.305	111	377	115	15	69	9	37	71
2018	統一	.304	90	306	93	12	54	8	32	95
2019	統一	.318	85	267	85	11	44	6	32	66
2020	統一	.356	102	306	109	14	63	10	34	82
通算		.309	974	3390	1049	116	582	103	349	659

24 陳傑憲

ちん・けつけん
チェン・ジェシェン
CHEN CHIEH HSIEN

外野手　27歳　6年目　右右　1994.1.7　173cm73kg

①岡山共生高-統一(16)②首(20)、ベ(17,18,20)③昨季は開幕を遊撃で迎えるも、守備が不安定で外野にコンバートすると打撃も上向きになり不動の1番打者としてチームを牽引した。広角に安打を量産し、俊足も兼ね備えるイケメン外野手は今季も走攻守に躍動する。④APBC(17)

年度	チーム	打率	試合	打数	安打	本塁打	打点	盗塁	四球	三振
2014		-	-	-	-	-	-	-	-	-
2015		-	-	-	-	-	-	-	-	-
2016	統一	.345	37	116	40	2	14	5	11	11
2017	統一	.387	114	437	169	3	48	17	53	36
2018	統一	.356	112	463	165	8	60	16	46	43
2019	統一	.372	20	78	29	2	15	5	8	5
2020	統一	.360	115	484	174	3	67	21	48	42
通算		.366	398	1578	577	18	204	64	166	137

42 傅于剛

ふ・うごう
フ・ユーガン
FU YU KANG

投手　33歳　10年目　右右　1988.1.18　180cm93kg

①台中高農-嘉義大学-統一(12)⑤新(12)③高めの速球と大きな変化球のコンビネーションを武器に43試合に登板。回跨ぎも厭わないタフネスぶりで、4アウト以上の登板が14度もあった。

年度	防御率	試合	勝利	敗戦	セーブ	投球回	三振
2020	4.24	43	1	1	6	51	46
通算	3.49	356	22	8	7	396.2	317

43 林威志

りん・いし
リン・ウェイジ
LIN WEI CHIH

投手　29歳　6年目　右右　1992.9.29　190cm103kg

①榖保家商-中国文化大学-統一(16)③自己最多の25試合に登板した大柄な右腕。190cm・103kgの体型をより活かせれば、最速147キロの球速はまだまだ伸びるはずだ。

年度	防御率	試合	勝利	敗戦	セーブ	投球回	三振
2020	5.46	25	1	0	0	28	11
通算	8.05	64	3	0	0	69.1	34

47 賴泊凱

らい・はくがい
ライ・ボカイ
LAI PO KAI

投手　32歳　8年目　右右　1989.6.23　180cm73kg

①台中高農-台湾体大-統一(14)③二軍ではチーム最多の42登板も、プロ7年目で初めて一軍の登板機会が無かった。生き残りへ自慢の緩急に磨きをかけたい。

年度	防御率	試合	勝利	敗戦	セーブ	投球回	三振
2020	-	-	-	-	-	-	-
通算	6.79	49	4	2	1	58.1	28

48 林航

りん・こう
リン・ハン
LIN HANG

投手　28歳　6年目　左右　1993.3.1　180cm86kg

①高苑工商-高苑科技大学-統一(16)③左のスリークォーターからのスライダーを武器に開幕戦でプロ初セーブを挙げた。安定感を向上させ、一軍定着を目指す。

年度	防御率	試合	勝利	敗戦	セーブ	投球回	三振
2020	16.88	13	0	0	1	10.2	4
通算	17.80	24	0	0	1	14.2	7

50 布雷克

ブロック・ダイクソン
ブレイク(カナダ)
BROCK DYKXHOORN

投手　27歳　2年目　右右　1994.7.2　205cm118kg

①セントラルアリゾナカレッジ-アストロズ-韓国・SK-韓国・ロッテ-統一(20)③台湾シリーズでは3試合17回を1失点に抑えて優秀選手賞を獲得。今季も安定感ある投球でエースの働きを期待される。

年度	防御率	試合	勝利	敗戦	セーブ	投球回	三振
2020	5.68	13	5	3	0	69.2	48
通算	5.68	13	5	3	0	69.2	48

51 林其緯

りん・きい
リン・チーウェイ
LIN CHI WEI

投手　37歳　14年目　右右　1984.4.7　176cm70kg

①大理高中-台北体院-興農・義大(08-12)-義大(13-14)-統一(15)②新(08)③ロングリリーフもこなせる経験豊富なベテランはチームに欠かせない存在。昨季は3年ぶりとなる先発マウンドも経験した。

年度	防御率	試合	勝利	敗戦	セーブ	投球回	三振
2020	5.40	26	1	0	0	33.1	26
通算	4.89	303	32	48	8	693.1	617

32 蘇智傑

そ・ちけつ
ス・ジージェ
SU CHIH CHIEH

外野手　27歳　6年目　1994.7.28　180cm88kg

①平鎮高中-中国文化大学-統一(16)②ベ(19,20)、ゴ(19,20)③19年にチーム初の「20HR-20盗塁」を達成すると昨季は自己最多のHR数と打点をマーク。ボールをしっかりと捉えて長打を生み出す左打者は、苦手の左投手を克服できれば3割30HRが見えてくる。④APBC(17)、プレミア12(19)

年度	チーム	打率	試合	打数	安打	本塁打	打点	盗塁	四球	三振
2014	-	-	-	-	-	-	-	-	-	-
2015	-	-	-	-	-	-	-	-	-	-
2016	統一	.333	44	159	53	9	33	0	15	45
2017	統一	.351	92	356	125	17	77	9	41	72
2018	統一	.307	68	244	75	17	49	13	31	59
2019	統一	.282	120	444	125	27	83	21	48	103
2020	統一	.313	118	438	137	28	98	13	57	115
通算		.314	439	1641	515	98	340	56	192	394

77 林安可

りん・あんか
リン・アンケ
LIN AN KO

外野手　24歳　3年目　左右　1997.5.19　184cm90kg

①南英商工-中国文化大学-統一(19)②新(20)、本(20)、点(20)、ベ(20)③昨季は二刀流の可能性もあったが、投球の調子が上がらず開幕前に外野手に専念。すると打者としての才能が一気に開花し中軸に定着し、左打者として歴代最多のホームラン数をマークした。天才的な打撃センスに今季も期待だ。

年度	チーム	打率	試合	打数	安打	本塁打	打点	盗塁	四球	三振
2014	-	-	-	-	-	-	-	-	-	-
2015	-	-	-	-	-	-	-	-	-	-
2016	-	-	-	-	-	-	-	-	-	-
2017	-	-	-	-	-	-	-	-	-	-
2018	-	-	-	-	-	-	-	-	-	-
2019	統一	.255	29	106	27	2	13	0	12	30
2020	統一	.310	118	432	134	32	99	10	52	113
通算		.299	147	538	161	34	112	10	64	143

54 猛威爾

ティム・メルビル
モンウェイアル(アメリカ合衆国)
TIM MELVILLE

投手　32歳　2年目　右右　1989.10.9　193cm113kg

①ウエンツビル・ホルト高-ロイヤルズ-タイガース-レッズ-米独立L-ツインズ-パドレス-オリオールズ-米独立L-ロッキーズ-統一(20)③140キロ中盤の重い速球でバットを砕く剛球右腕。シーズン最終戦の富邦戦では、123球の完封勝利で優勝への望みを繋いだ。

年度	防御率	試合	勝利	敗戦	セーブ	投球回	三振
2020	2.93	10	4	3	0	61.1	46
通算	2.93	10	4	3	0	61.1	46

57 吳承諭

ご・しょうゆ
ウー・チェンユ
WU CHENG YU

投手　24歳　3年目　右右　1997.1.9　181cm85kg

①鶯歌工商-開南大学-統一(19)③先発投手として高く期待されている若手右腕は、二軍でリーグ3位の88イニングを投げた。カーブを武器に2年ぶりの一軍昇格を狙う。

年度	防御率	試合	勝利	敗戦	セーブ	投球回	三振
2020	6.75	2				5.1	4
通算	6.75	2				5.1	4

59 林原裕

りん・げんゆう
リン・ユエンユ
LIN YUAN YU

●投手　20歳　2年目　右右　2001.12.24　185cm76kg

①強恕中学-統一(20)③伸びのあるボールは魅力も、まだまだ課題の多い原石タイプ。冬は兵役に就き、4月にチームへ合流する予定となっている。

年度	防御率	試合	勝利	敗戦	セーブ	投球回	三振
2020	-	-	-	-	-	-	-
通算	-	-	-	-	-	-	-

60 鄭鈞仁

てい・きんじん
ジェン・ジュンレン
CHENG CHUN JEN

投手　26歳　5年目　右右　1995.11.3　184cm95kg

①西苑中学-輔仁大学-統一(17)③リーグ最多の63登板。前年の19登板から大きく登板数を増やし、最も成長した選手に贈られる「最佳進歩奨」を受賞した。

年度	防御率	試合	勝利	敗戦	セーブ	投球回	三振
2020	4.18	63	1	2	0	60.1	41
通算	6.20	94	1	3	0	85.2	58

69 方建德

ほう・けんとく
ファン・ジェンデ
FANG CHIEN TE

投手　26歳　4年目　右右　1995.11.11　190cm117kg

①陸興中学-嘉義大学-統一(18)③重いシンカーを武器に二軍最多の99回を投げ抜き、一軍初先発も経験した。投球術を磨いてゴロアウトを増やしたい。

年度	防御率	試合	勝利	敗戦	セーブ	投球回	三振
2020	16.20	1	0	1	0	3.1	0
通算	9.00	11	0	2	0	17	7

73 飛利士
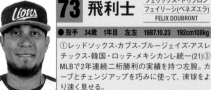

フェリックス・ドゥブロン
フェイリーシ(ベネズエラ)
FELIX DOUBRONT

●投手　34歳　1年目　左左　1987.10.23　192cm108kg

①レッドソックス-カブス-ブルージェイズ-アスレチックス-韓国・ロッテ-メキシカンL-統一(21)③MLBで2年連続二桁勝利の実績を持つ左腕。カーブとチェンジアップを巧みに使って、速球をより速く見せる。

年度	防御率	試合	勝利	敗戦	セーブ	投球回	三振
2020	-	-	-	-	-	-	-
通算	-	-	-	-	-	-	-

75 張竣凱
ちょう・しゅんがい
ジャン・ジュンカイ
CHANG CHUN KAI

投手 23歳 2年目 右右 1998.8.15 186cm103kg

①平鎮高中-国立体大-統一(20)③高校時代は最速148キロの速球を武器に活躍するも、大学入学以降スランプに。まずは投球フォームの安定を図りたい。

年度	防御率	試合	勝利	敗戦	セーブ	投球回	三振
2020	-	-	-	-	-	-	-
通算	-	-	-	-	-	-	-

79 姚杰宏
よう・けつこう
ヤオ・ジェホン
YAO CHIEH HUNG

●投手 23歳 2年目 右右 1998.4.15 184cm90kg

①強恕中學-中国文化大学-統一(20)③名門大学のエースらしい完成度の高さが魅力で、1年目から開幕ローテ入り。過去1年で球速が10キロ成長と伸び代も十分だ。

年度	防御率	試合	勝利	敗戦	セーブ	投球回	三振
2020	-	-	-	-	-	-	-
通算	-	-	-	-	-	-	-

95 江承峰
こう・しょうほう
ジャン・チェンフォン
CHIANG CHENG FENG

投手 33歳 9年目 右右 1988.10.14 180cm90kg

①強恕中學-台北体院-統一(13)③シンカーでゴロを打たせる投球が冴えるベテランリリーフ。試合展開問わず起用され、チームの屋台骨を支えた。

年度	防御率	試合	勝利	敗戦	セーブ	投球回	三振
2020	4.59	29	6	0	0	33.1	30
通算	5.10	249	6	10	0	333.2	203

15 郭峻偉
かく・しゅんい
グォ・ジュンウェイ
KUO CHUN WEI

捕手 29歳 8年目 右右 1992.7.18 176cm81kg

①高苑工商-国立体大-統一(14)③昨季は左手の手術で約3ヶ月の離脱があり出番が大幅減。選球眼に長けた打撃とインサイドワークで再び一軍定着を狙いたい。

年度	打率	試合	安打	本塁打	打点	盗塁	三振
2020	.100	6	1	0	1	0	4
通算	.240	151	85	1	29	2	60

31 林岱安
りん・たいあん
リン・ダイアン
LIN TAI AN

捕手 29歳 7年目 右右 1992.6.23 175cm90kg

①華徳工家-台湾体大-統一(15)②ゴ(19)③シーズンを経るにつれ首脳陣の信頼を勝ち取り、打撃でも自己最多の8HRと飛躍。今季は自身初の100試合以上出場なるか。④APBC(17)

年度	打率	試合	安打	本塁打	打点	盗塁	三振
2020	.246	86	59	8	40	1	67
通算	.253	310	204	13	110	4	191

36 柯育民
か・いくみん
ケ・ユーミン
KO YU MIN

捕手 24歳 3年目 右右 1997.11.14 175cm77kg

①屏東高中-台湾体大-統一(19)②二軍では正捕手として63試合に出場。1年目の19年は遊撃も守ったが、首脳陣からは捕手としての能力を評価されている。

年度	打率	試合	安打	本塁打	打点	盗塁	三振
2020	-	-	-	-	-	-	-
通算	.417	6	5	0	1	0	3

46 羅暐捷
ら・いしょう
ルォ・ウェイジェ
LO WEI CHIEH

捕手 20歳 3年目 右右 2001.1.15 175cm70kg

①高苑工商-統一(19)③昨季は二軍で打率.320 7HRと打撃をアピールし、9月に一軍昇格。守備面が改善されれば一軍での出番は増えてくる。

年度	打率	試合	安打	本塁打	打点	盗塁	三振
2020	.250	8	6	0	3	0	7
通算	.250	8	6	0	3	0	7

65 陳重羽
ちん・ちょうう
チェン・チョンユ
CHEN CHUNG YU

捕手 26歳 5年目 右右 1995.9.14 183cm83kg

①嘉義高中-国立体大-統一(17)②ベ(18)③俊足捕手は前後期主にマスクを被るも、後期はスタメンマスクで15連敗を喫し出場機会が減少。スランプから今季復調なるか。

年度	打率	試合	安打	本塁打	打点	盗塁	三振
2020	.272	78	49	3	18	9	41
通算	.291	260	202	6	74	27	152

74 張肇元
ちょう・ちょうげん
ジャン・ジャオユエン
CHANG CHAO YUAN

●捕手 24歳 2年目 右右 1997.10.30 182cm110kg

①平鎮高中-台東大学-統一(20)③チームには少ない、長打が期待できる捕手として昨季入団。持ち味の打撃を活かし、まずは3番手捕手争いに割って入る。

年度	打率	試合	安打	本塁打	打点	盗塁	三振
2020	-	-	-	-	-	-	-
通算	-	-	-	-	-	-	-

2 林子豪
りん・しごう
リン・ズーハオ
LIN TZU HAO

●内野手 19歳 2年目 右右 2002.3.29 185cm73kg

①平鎮高中-統一(20)③昨年ドラフトの高校生ナンバーワン野手は、広角打法とバットコントロールが持ち味。内野陣に若い力を吹き込む。

年度	打率	試合	安打	本塁打	打点	盗塁	三振
2020	-	-	-	-	-	-	-
通算	-	-	-	-	-	-	-

3 施冠宇　し・かんう　シ・グァンユ　SHIH KUAN YU

内野手　26歳　4年目　右右　1995.12.30　183cm95kg

①陸興中学-中国文化大学-統一(18)③オープン戦で好調も、競争の激しい一塁で出場機会を得られなかった昨季。三塁にも挑戦する今季は長打力を発揮できるか。

年度	打率	試合	安打	本塁打	打点	盗塁	三振
2020	-	3	0	0	0	0	4
通算	.000	3	0	0	0	0	4

5 郭阜林　かく・ふりん　グォ・フーリン　KUO FU LIN

内野手　30歳　7年目　右右　1991.1.7　181cm90kg

①南英商工-台湾体院-ヤンキース-統一(15)②ゴ(18)③6月に飲酒運転で約1ヶ月の戦線離脱も、9月に6HRを放つなど後期の躍進に貢献。長打力を今季はシーズン通して発揮したい。④APBC(17)

年度	打率	試合	安打	本塁打	打点	盗塁	三振
2020	.292	77	74	16	63	2	62
通算	.265	375	324	59	218	15	352

7 黄恩賜　こう・おんし　ホァン・エンス　HUANG EN TZU

内野手　33歳　10年目　右右　1988.2.12　178cm85kg

①成功商水-国立体大-統一(12)③二軍で11HRを放つも、一軍では自己最少の出場試合数。派手なプレーを見せる内野手は再びチームに勢いをもたらすか。

年度	打率	試合	安打	本塁打	打点	盗塁	三振
2020	.100	5	1	0	0	0	6
通算	.237	469	274	7	115	41	277

10 許哲晏　きょ・てつあん　シュ・ジェーイェン　HSU CHE YEN

●内野手　23歳　2年目　右右　1998.1.16　176cm78kg

①普門中学-遠東科技大学-統一(20)③守備力とバットコントロールに優れた遊撃手は昨季、早速一軍昇格。遊撃の層が薄いチームだけに飛躍のチャンスは大いにある。

年度	打率	試合	安打	本塁打	打点	盗塁	三振
2020	.000	2	0	0	0	0	1
通算	.000	2	0	0	0	0	1

22 楊家維　よう・かい　ヤン・ジャーウェイ　YANG CHIA WEI

内野手　26歳　8年目　右右　1995.8.3　175cm80kg

①平鎮高中-統一(14)③89試合に出場した19年から一転、ほとんどを二軍で過ごした昨季。内野手の競争が激しい中、打撃で存在感を示せるか。

年度	打率	試合	安打	本塁打	打点	盗塁	三振
2020	.120	12	3	1	2	0	8
通算	.238	169	93	11	55	7	121

25 鄧志偉　とう・しい　デン・ジーウェイ　TENG CHIH WEI

内野手　33歳　10年目　右右　1988.9.15　188cm104kg

①中道中学-中国文化大学-統一(12)③かつて入団から4年連続で二桁本塁打をマークしたベテラン強打者は、一軍で安定した活躍ができず。今季は背水の陣で臨む。

年度	打率	試合	安打	本塁打	打点	盗塁	三振
2020	.202	36	17	4	14	2	29
通算	.269	586	474	65	302	12	449

35 潘傑楷　はん・けつかい　パン・ジェカイ　PAN CHIEH KAI

内野手　27歳　6年目　右右　1994.2.3　184cm78kg

①穀保家商-中国文化大学-統一(16)③昨季は不振で二軍暮らしが続くも、9月後半から一軍昇格後は打率.308。レギュラー獲得のために好不調の波を減らしたい。

年度	打率	試合	安打	本塁打	打点	盗塁	三振
2020	.242	36	22	1	11	2	16
通算	.257	195	118	6	63	12	111

39 林祖傑　りん・そけつ　リン・ズージェ　LIN TSU CHIEH

内野手　30歳　3年目　右右　1991.5.13　176cm80kg

①強恕中学-中国文化大学-統一(19)③安定感ある守備でチームの弱点だった遊撃の穴を埋めた昨季。意外性のある打撃も兼備し、今季もセンターラインの要となる。④アジア大会(18)

年度	打率	試合	安打	本塁打	打点	盗塁	三振
2020	.257	103	82	7	39	4	54
通算	.242	183	130	11	63	7	109

44 黄紹熙　こう・しょうき　ホァン・シャオシ　HUANG SHAO HSI

内野手　27歳　3年目　右両　1994.5.6　178cm80kg

①岡山共生高-台湾体大-四国IL・愛媛-統一(19)③昨季二軍で35試合に出場した二塁手は、代走や守備固めから一軍を狙えるか。父は名二塁手として鳴らした黄忠義（元興農）。

年度	打率	試合	安打	本塁打	打点	盗塁	三振
2020	-	-	-	-	-	-	-
通算	-	-	-	-	-	-	-

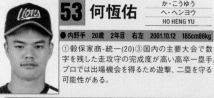

53 何恆佑　か・こうゆう　ヘ・ヘンヨウ　HO HENG YU

●内野手　20歳　2年目　右左　2001.10.12　185cm86kg

①穀保家商-統一(20)③国内の主要大会で数字を残した走攻守の完成度が高い高卒一塁手。プロでは出場機会を得るため遊撃、二塁を守る可能性がある。

年度	打率	試合	安打	本塁打	打点	盗塁	三振
2020	-	-	-	-	-	-	-
通算	-	-	-	-	-	-	-

62 吳桀睿
ご・けつえい
ウー・ジェルイ
WU CHIEH JUI

内野手　28歳　5年目　右右　1993.4.7　170cm82kg

①南英商工-中国文化大学-統一(17)②ベ(18)③故障による離脱がありながらも、安定感ある打撃を披露。今季は一塁から三塁にコンバート、出場機会の増加を狙う。

年度	打率	試合	安打	本塁打	打点	盗塁	三振
2020	.321	67	69	3	33	7	29
通算	.330	189	220	12	101	22	89

64 林靖凱
りん・せいがい
リン・ジンカイ
LIN CHING KAI

内野手　21歳　4年目　右右　2000.7.22　170cm70kg

①平鎮高中-統一(18)②ゴ(20)③若き二塁手は天下一品の守備範囲から、数々の好守を演じた。俊足も兼ね備え、打撃がレベルアップすればレギュラーは安泰だ。

年度	打率	試合	安打	本塁打	打点	盗塁	三振
2020	.243	109	75	3	36	14	66
通算	.266	162	140	3	59	21	104

66 陳重廷
ちん・ちょうてい
チェン・チョンティン
CHEN CHUNG TING

内野手　26歳　5年目　右右　1995.9.14　181cm81kg

①嘉義高中-中国文化大学-統一(17)③内野3ポジションを守り、選手起用の幅を広げる活躍を見せた。守備の安定感と長打力を高めればレギュラーが見えてくる。

年度	打率	試合	安打	本塁打	打点	盗塁	三振
2020	.287	84	71	2	23	6	54
通算	.255	156	102	5	39	8	104

67 姚雨翔
よう・うしょう
ヤオ・ユーシャン
YAO YU HSIANG

内野手　21歳　4年目　右右　2000.5.23　185cm112kg

①興大附農-統一(18)③昨季は二軍41試合の出場で8HRと長打力を発揮。粗削りだがパワー溢れるロマン砲はまずは代打やDHでアピールしたい。

年度	打率	試合	安打	本塁打	打点	盗塁	三振
2020	-	-	-	-	-	-	-
通算	.238	7	5	1	2	0	7

68 高國慶
こう・こくけい
ガオ・グォチン
KAO KUO CHING

内野手　43歳　18年目　右右　1978.10.6　181cm93kg

①美和中学-台湾体院-統一(04)②M(07)、ベ(07,11,12)、ゴ(07,11,17,18)③球界最年長ながら低めを捌く打撃技術と安定感ある一塁守備は健在。若手の台頭著しい中、豊富な経験でチームを引っ張る。④WBC(09)

年度	打率	試合	安打	本塁打	打点	盗塁	三振
2020	.302	68	48	3	26	0	25
通算	.302	1675	1784	134	877	32	889

6 唐肇廷
とう・ちょうてい
タン・ジャオティン
TANG CHAO TING

外野手　34歳　9年目　右左　1987.10.12　180cm85kg

①三民高中-中国立体大-タイガース-統一(13)③昨季は打撃開眼し後期の打率は.404。層の厚い外野陣の不振や休養でスタメンに入り、後期優勝の陰の立役者となった。

年度	打率	試合	安打	本塁打	打点	盗塁	三振
2020	.364	92	63	2	20	1	33
通算	.282	674	541	21	211	37	309

8 羅國龍
ら・こくりゅう
ルォ・グォロン
LO KUO LUNG

外野手　32歳　8年目　右右　1989.6.24　176cm78kg

①穀保家商-台北体院-統一(14)②ゴ(15,16)③故障で復帰が7月と出遅れ、調子が上がらないシーズンだった。健康な体を取り戻し、再び華麗な外野守備を見せられるか。④WBC(17)

年度	打率	試合	安打	本塁打	打点	盗塁	三振
2020	.175	17	7	1	6	2	12
通算	.283	435	402	30	183	45	324

9 李丞齢
り・じょうれい
リ・チェンリン
LI CHENG LING

外野手　21歳　4年目　右右　2000.8.8　176cm84kg

①興大附農-統一(18)③強肩が武器の捕手兼外野手として入団も、昨季から外野手に専念。ライバルの多い外野で生き残るには打力の成長が必要不可欠だ。

年度	打率	試合	安打	本塁打	打点	盗塁	三振
2020	-	-	-	-	-	-	-
通算	-	-	-	-	-	-	-

14 邱智呈
きゅう・ちてい
チョウ・ジーチェン
CHIU CHIH CHENG

外野手　21歳　3年目　左左　2000.11.26　168cm80kg

①穀保家商-統一(19)③二軍では76試合で打率.318、主に1番という二塁打はリーグ2位の23本。がむしゃらな姿勢がプレーに表れる選手だ。

年度	打率	試合	安打	本塁打	打点	盗塁	三振
2020	.167	4	1	0	2	0	2
通算	.167	4	1	0	2	0	2

27 江亮緯
こう・りょうい
ジャン・リャンウェイ
CHIANG LIANG WEI

外野手　25歳　7年目　右右　1996.12.21　170cm76kg

①南英商工-統一(15)③小柄ながらパワーを備える外野手は台湾シリーズで2試合に先発出場。外野手の層は厚いが、左キラーとして存在感を発揮したい。

年度	打率	試合	安打	本塁打	打点	盗塁	三振
2020	.212	31	7	1	9	1	15
通算	.241	77	38	4	21	3	64

28 鄭鎧文　てい・がいぶん　CHENG KAI WEN

外野手　30歳　7年目　右右　1991.12.18　186cm96kg

①花蓮體中-中國文化大學-統一(15)③開幕戦で「2020年の世界第1号HR」を放ち注目されたが、以降は結果を残せず。16年に24HRを放った大砲は復活なるか。

年度	打率	試合	安打	本塁打	打点	盗塁	三振
2020	.188	22	9	3	3	1	26
通算	.214	266	171	48	147	13	293

33 林焌翰　りん・しゅんかん　LIN CHUN HAN

外野手　26歳　5年目　右左　1995.4.23　172cm83kg

①美和中學-義守大學-統一(17)②二軍で4月末までに6HRも、その後骨棘の影響もあり低迷。10月に手術を受け今季は万全の状態でパワーを見せつける。

年度	打率	試合	安打	本塁打	打点	盗塁	三振
2020	-	-	-	-	-	-	-
通算	.267	14	8	1	3	0	12

49 吳國豪　ご・こくごう　WU KUO HAO

外野手　25歳　8年目　右右　1996.1.9　174cm70kg

①平鎮高中-統一(14)③昨季は開幕前に外野コンバートも後に本職の遊撃に戻った。二軍で4年連続二桁盗塁の俊足を今季こそ一軍でアピールしたい。

年度	打率	試合	安打	本塁打	打点	盗塁	三振
2020	.000	4	0	0	0	0	3
通算	.170	56	18	1	7	3	41

52 張偉聖　ちょう・いせい　CHANG WEI SHENG

外野手　24歳　4年目　右右　1997.12.7　168cm65kg

①興大附農-統一(18)③俊足が武器の小柄な外野手は強い打球や好守が増えてきた。三振を減らせればベンチにとって使い勝手が良い存在になれる。

年度	打率	試合	安打	本塁打	打点	盗塁	三振
2020	.262	29	17	1	2	2	18
通算	.214	44	24	1	5	2	37

55 潘武雄　はん・ぶゆう　PAN WU HSIUNG

外野手　40歳　16年目　左左　1981.3.11　178cm82kg

①美和中學-統一(06)②新(07)、首(09,12)、ベ(07,08,09)、ゴ(07)③シーズンでは不振も、台湾シリーズで打率.471 7打点と活躍しMVPを獲得。卓越した打撃技術と選球眼はまだまだ脅威だ。④北京五輪(08)、WBC(09)

年度	打率	試合	安打	本塁打	打点	盗塁	三振
2020	.215	53	23	7	28	1	28
通算	.320	1095	1177	128	654	83	673

主な獲得タイトル
（　）内はNPBでの該当タイトル名

M=年度MVP　　　　（最優秀選手）
新=最佳新人奬　　　（新人王）
首=打擊王　　　　　（首位打者）
本=全壘打王　　　　（最多本塁打）
点=打點王　　　　　（最多打点）
盗=盗壘王　　　　　（最多盗塁）
防=防禦率王　　　　（最優秀防御率）
勝=勝投王　　　　　（最多勝利）
救=救援王　　　　　（最多セーブ）
中=中繼王　　　　　（最優秀中継ぎ）
三=三振王　　　　　（最多奪三振）
ベ=最佳十人奬　　　（ベストナイン）
ゴ=金手套奬　　　　（ゴールデングラブ賞）

※成績の太字はリーグトップ

中信ブラザーズ
中信兄弟

中信ブラザーズ（中信兄弟）
ちゅう　しん　　　　　　　　　　　ちゅうしんきょうだい

ジョンシン ションディー

球団情報	兄弟育樂股份有限公司 創立：2013年12月3日　GM：劉志威　本拠地：台中洲際棒球場 球団事務所：台北市南港區經貿二路188號5樓　TEL：02-2786-3338 http://www.brothers.tw

Mon~Thu

Fri,Sat,Sun

2020年シーズン回顧と 2021年の展望

　前期は前半、首位の楽天に最大7ゲーム差をつけられるも、そこから投打を立て直し逆転優勝。後期は3位も台湾シリーズ出場を果たしたが統一に敗れ、オフには3年間二軍監督を務めた林威助が一軍監督に就任した。

　今季は外国人投手ではシーズンMVPの德保拉、萊福力、羅傑斯と再契約し、新たに加百利を獲得。昨季9勝の黃恩賜が開幕に間に合わないのは不安要素も、先発転向の鄭凱文、昨年のドラ1余謙などの台湾人先発が力を発揮できれば心強い。リリーフは蔡齊哲、吳俊偉、李振昌などの勝ちパターンが今季も機能するか。野手では若くして遊撃に定着した江坤宇のレギュラー2年目、拡大ドラフトで味全に移籍した吳東融が守った二塁の穴をどう埋めるかに注目したい。

　チームは直近7年間で6度の台湾シリーズ進出も全て敗退。厳しくも愛のある新監督の手腕に大きな期待がかかるシーズンとなる。

マスコット
小翔＆艾比

チアリーダー
Passion Sisters

		年度別成績					
年度	順位	チーム名	試合	勝	敗	分	勝率
1990	4	兄弟エレファンツ	90	34	49	7	.410
1991	3	兄弟エレファンツ	90	38	49	3	.437
1992	★ 1	兄弟エレファンツ	90	51	35	4	.593
1993	★ 2	兄弟エレファンツ	90	52	36	2	.591
1994	★ 1	兄弟エレファンツ	90	64	24	2	.727
1995	4	兄弟エレファンツ	100	48	51	1	.485
1996	4	兄弟エレファンツ	100	52	43	5	.547
1997	3	兄弟エレファンツ	96	45	44	7	.506
1998	6	兄弟エレファンツ	105	33	69	3	.324
1999	5	兄弟エレファンツ	94	37	53	4	.411
2000	4	兄弟エレファンツ	90	38	48	4	.442
2001	★ 2	兄弟エレファンツ	90	44	39	7	.530
2002	★ 1	兄弟エレファンツ	90	53	33	4	.616
2003	★ 1	兄弟エレファンツ	100	63	31	6	.670
2004	3	兄弟エレファンツ	100	54	45	1	.545
2005	4	兄弟エレファンツ	100	47	49	4	.490
2006	6	兄弟エレファンツ	100	40	59	1	.404
2007	3	兄弟エレファンツ	100	49	50	1	.495
2008	3	兄弟エレファンツ	98	52	42	4	.553
2009	4	兄弟エレファンツ	120	54	63	3	.462
2010	★ 2	兄弟エレファンツ	120	61	57	2	.517
2011	3	兄弟エレファンツ	120	60	60	0	.500
2012	3	兄弟エレファンツ	120	60	58	2	.508
2013	4	兄弟エレファンツ	120	55	65	0	.458
2014	4	中信ブラザーズ（中信兄弟）	120	50	66	4	.431
2015	2	中信ブラザーズ（中信兄弟）	120	63	56	1	.529
2016	1	中信ブラザーズ（中信兄弟）	120	68	50	2	.576
2017	3	中信ブラザーズ（中信兄弟）	120	53	64	3	.453
2018	4	中信ブラザーズ（中信兄弟）	120	48	71	1	.403
2019	3	中信ブラザーズ（中信兄弟）	120	62	56	2	.525
2020	1	中信ブラザーズ（中信兄弟）	120	67	51	2	.568
通算			3253	1595	1566	92	.505

球団小史■プロ発足に奔走した兄弟ホテルの洪騰勝・董事長がオーナーを務めた兄弟エレファンツが前身。1992～1994年には3連覇を達成、草創期の認知向上と発展に大きく貢献した。2001～2003年にも2度目の3連覇を果たすなど球界をリードしてきたが、2009年の八百長事件の影響もあり、2013年限りで球団身売り。中国信託HDが実質的なオーナーとなり、翌年から中信兄弟となった。近年6度出場したシリーズではいずれも涙を呑んでおり、今季は11年ぶりの台湾一を目指す。

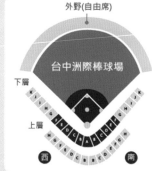

「象迷」の新たな聖地に

台中洲際棒球場

たいちゅうインターコンチネンタルきゅうじょう
タイジョン　ジョウジー　バンチョウチャン

住所：台中市北屯區崇德路三段835號
TEL：（04）2422-1588
収容人員：19,000人
天然芝
中堅：122m（400ft）：両翼　99m（325ft）

数々の国際大会を開催

台北から南西に約165km、台湾中部にある台中は、人口約282万人の台湾第二の都市だ。市内中心部から北へ約6kmの場所にある台中洲際棒球場は、2006年のインターコンチネンタルカップでの使用を目的に、政府と球界との共同事業として建設された。外観は2階席を覆う白い屋根と、それを包むボールの縫い目をイメージした赤色のアーチが特徴だ。2015年、中信HDが同球場の経営権を取得、同オフにはオーロラビジョンの設置などリニューアル工事が行われた。昨年は主催ゲーム全60試合が開催されるなど、すっかり「象迷」（中信兄弟ファン）の新たな聖地となった。また、この球場ではCPBL公式戦のほか、WBCやプレミア12など主要国際大会も開催され、数々のドラマが生まれた。

綺麗で見やすい観客席

洗練された雰囲気のあるこの球場は、スタンドの傾斜が緩やかで、どの座席からも試合が見やすい。内野席の後方がコンコースになっており、常設、仮設の売店が並ぶ。なお、球場1階（入り口別）にある「台中棒球故事館」では、貴重な展示を通じて台湾野球の歴史が学べるほか、グッズ売場もあるので、試合開始前に是非訪れたい。カフェも併設している。

台中洲際棒球場　周辺地図

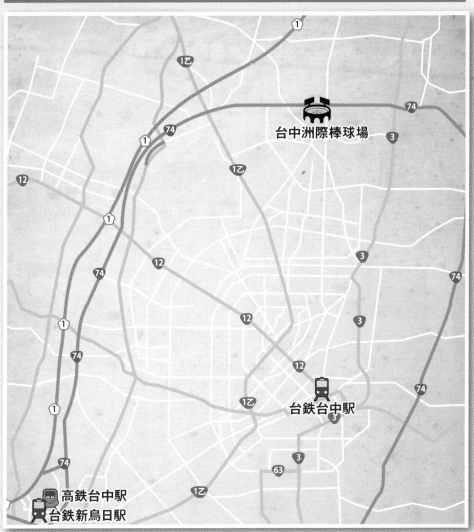

台中洲際棒球場

台鉄台中駅

高鉄台中駅
台鉄新烏日駅

アクセス

要
チェック!!

　台湾は、台中をはじめとしたいくつかの都市で、高速鉄道(高鉄)の駅と、在来線(台鉄)の主要駅が離れた場所にあります。台中の場合、高速鉄道(高鉄)の駅と、在来線(台鉄)に行くには、高鉄台中駅に行くには、高鉄台中駅に隣接する台鉄新烏日駅で乗り換えるか、バス、タクシーを利用することになります。

台北から台中市内へ
・高速鉄道（高鉄）で高鉄台中駅まで約1時間。
　その他に在来線(台鉄)、高速バスのルートもあり。
台中市内から球場へ
・台鉄台中駅前から12番、58番、71番バス利用。
　台中洲際棒球場下車、約40分。
　タクシーで約25分。

中國信託公益園區棒球場

ちゅうごくしんたくこうえきえんくきゅうじょう

ジョングォシントゥオ　ゴンイーユエンチュー　バンチョウチャン

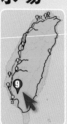

住所：屏東縣鹽埔鄉洛寧路31號

TEL：08-703-1910

収容人員：1,000人

天然芝

中堅：122m（400ft）　　両翼：100m（327ft）

最南端屏東のファーム本拠地

台湾の最南端、屏東は一年を通じて気候が温暖で、自然や観光資源に恵まれた県だ。この球場は、中信兄弟を運営する中信グループの慈善団体が、野球を愛する子どもたちの為に建設した。2015年12月に落成後は、少年野球大会や公益活動が開催されているほか、中信兄弟のキャンプ地及びファーム本拠地となった。室内練習場、ウエイトルームの他、宿舎、食堂も併設され、若手選手が野球に打ち込める環境が整っている。2017年からは毎年、二軍公式戦も開催されている。屏東駅からは乗り合いバスでもアクセス可能だが、本数が少ないので注意したい。

アクセス

台北から屏東市内へ

・高速鉄道（高鉄）で高鉄左營駅まで約1時間30分〜2時間、高鉄左營駅に隣接している台鉄新左營駅から台鉄屏東駅までは台湾鉄道で30〜45分。

・在来線(台鉄)特急で台鉄屏東駅まで約5時間30分。その他、高速バスのルートもあり。

屏東市内から球場へ

・台鉄屏東駅前バスターミナルから8223番、8225番で約25分、洛陽下車、徒歩5分。

・台鉄屏東駅からタクシーで約20分（約10km）。

24	林威助	りん・いじょ リン・ウェイジュ LIN WEI CHU

監督　42歳　8年目　左左　1979.1.22　179cm82kg

①柳川高-近畿大-阪神-中信兄弟(14-17)-中信兄弟コーチ(18-20)-中信兄弟監督(21)④アテネ五輪(04)、WBC(06,09)、アジア大会(06)⑤林威助

91	丘昌榮	きゅう・しょうえい チョウ・チャンロン CHIU CHANG JUNG

ヘッドコーチ　49歳　20年目　右右　1972.10.30　186cm83kg

①華興中学-中国文化大学-TML-台中金剛(97-02)-誠泰太陽(03)-誠泰(04-07)-米迪亞コーチ(08)-中信兄弟コーチ(14-19)-中信兄弟監督(20)-中信兄弟コーチ(21)

44	佛斯特	ジョン・フォスター フォステ(アメリカ合衆国) JOHN FOSTER

投手コーチ　43歳　4年目　左左　1978.5.17　182cm96kg

①ルイスクラーク州立大-ブレーブス-ブルワーズ-ブレーブス-ロイヤルズ-中信兄弟コーチ(18)

78	林恩宇	りん・おんう リン・エンユ LIN EN YU

ブルペンコーチ　40歳　14年目　右右　1981.3.25　188cm92kg

①穀保家商-国立体院-誠泰(05-06)-東北楽天(10-13)-中信兄弟(14)-中信兄弟コーチ(15)②M(05,06)、新(05,06)、防(05,06)、勝(06)、三(06)、べ(05,06)、ゴ(05)④アテネ五輪(04)、WBC(06)⑤林恩宇

36	石志偉	せき・しい シ・ジーウェイ SHIH CHIH WEI

打撃コーチ　44歳　17年目　右右　1977.8.14　180cm85kg

①中華中学-台北体院-La New(04-10)-Lamigo(11-14)-中信兄弟コーチ(16)②べ(12)、ゴ(04,06,08,12)④アジア大会(06)、北京五輪(08)

8	黃泰龍	こう・たいりゅう ホァン・タイロン HUANG TAI LUNG

内野守備コーチ　38歳　17年目　右右　1983.3.16　180cm79kg

①善化高中-誠泰(05-07)-米迪亞(08)-La New(09)-兄弟(10-13)-中信兄弟(14-16)-中信兄弟コーチ(17)②べ(10)、ゴ(10,11,14)

57	陳皓然	ちん・こうぜん チェン・ハオラン CHEN HAO JAN

外野守備兼走塁コーチ　35歳　10年目　右右　1986.5.9　178cm86kg

①台東農工-嘉南薬理科技大学-兄弟(12-13)-中信兄弟(14-18)-中信兄弟コーチ(19)

31	陳江和	ちん・こうわ チェン・ジャンへ CHEN CHIANG HO

作戦兼三塁ベースコーチ　39歳　15年目　右右　1982.1.15　178cm90kg

①南英商工-中国文化大学-兄弟(07-13)-中信兄弟(14-19)-中信兄弟コーチ(19)②べ(10,12)、ゴ(10,11,12)④WBC(13)

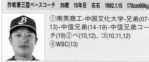

29	陳智弘	ちん・ちこう チェン・ジーホン CHEN CHIH HUNG

バッテリーコーチ　43歳　16年目　右右　1977cm89kg

①成功商水-中国文化大学-兄弟(06-13)-中信兄弟(14-16)-中信兄弟コーチ(17)②ゴ(11,12)

51	陳弘桂	ちん・こうけい チェン・ホングイ CHEN HUNG KUEI

トレーニングコーチ　33歳　10年目　右右　1988.10.11　177cm66kg

①東石高中-嘉義大学-兄弟(12-13)-中信兄弟(14-15)-中信兄弟コーチ(16)

70	李尚儒	り・しょうじゅ リ・シャンルー LI SHANG JU

トレーニングコーチ　35歳　3年目　なし　1986.1.25　174cm65kg

①中山高中-台北体院-国立体大-中信兄弟コーチ(19)

76	林明憲	りん・めいけん リン・ミンシェン LIN MING HSIEN

二軍監督　44歳　23年目　左左　1977.3.29　174cm71kg

①南英商工-兄弟(99-09)-兄弟コーチ(09-13)-中信兄弟コーチ(14)②べ(00,01)

40	王建民	おう・けんみん ワン・ジェンミン WANG CHIEN MIN

二軍投手コーチ　41歳　3年目　右右　1980.3.31　193cm102kg

①中華中学-台北体院-ヤンキース-ナショナルズ-ヤンキース-ブルージェイズ-レッズ-ホワイトソックス-ブレーブス-米独立リーグ-マリナーズ-ロイヤルズ-富邦コーチ(19)-中信兄弟コーチ(20)④アジア大会(02)、アテネ五輪(04)、WBC(13)

95	鄭錡鴻	てい・きこう ジェン・チーホン CHENG CHI HUNG

二軍投手コーチ　36歳　11年目　左左　1985.6.20　185cm97kg

①高苑工商-台湾体院-ブルージェイズ-パイレーツ-兄弟(11-13)-中信兄弟(14-19)-中信兄弟コーチ(19)④WBC(09)

53	艾迪頓	ニック・アディトン アイディドゥン(アメリカ合衆国) NICK ADDITON

●二軍投手コーチ　34歳　5年目　左左　1987.12.16　196cm98kg

①インディアンリバーステートカレッジ-カージナルス-オリオールズ-ブルワーズ-オリオールズ-中信兄弟(16-17)-韓国・ロッテ-ロッキーズ-中信兄弟(18-19)-中信兄弟コーチ(21)

6	威爾森	タック・ウィルソン ウェイアルソン(アメリカ合衆国) TACK WILSON

二軍打撃コーチ　64歳　4年目　右右　1956.5.16　178cm84kg

①ラニー大-ドジャース-ツインズ-ドジャース-ツインズ-ジャイアンツ-エンゼルス-レンジャーズ-ブルワーズ-アスレチックス-中信兄弟コーチ(18)

77	許峰賓	きょ・ほうひん シュ・フォンビン HSU FENG PIN

▲二軍内野守備兼走塁指導コーチ　40歳　14年目　右右　1981.10.10　174cm64kg

①南英商工-中国文化大学-統一(06-13)-統一コーチ(15-18)-富邦コーチ(20)-中信兄弟コーチ(21)

86	許皓銘	きょ・こうめい シュ・ハオミン HSU HAO MING

二軍外野守備コーチ　44歳　12年目　右右　1977.4.5　175cm75kg

①中正高工-兄弟(99-06)-中信兄弟コーチ(18)

45	王峻杰	おう・しゅんけつ ワン・ジュンジェ WANG CHUN CHIEH

二軍バッテリーコーチ補佐　32歳　9年目　右右　1989.1.4　175cm81kg

①高苑工商-国立体大-兄弟(13)-中信兄弟コーチ(20)

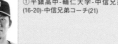

27	黃稚峰	こう・ちほう ホァン・ジーフォン HUANG CHIH FENG

二軍トレーニングコーチ補佐　28歳　6年目　右右　1993.5.22　182cm85kg

①平鎮高中-輔仁大学-中信兄弟(16-20)-中信兄弟コーチ(21)

72	陳品翰	ちん・ひんかん チェン・ビンハン CHEN PIN HAN

二軍投手トレーニングコーチ　35歳　2年目　なし　1986.11.22　183cm100kg

①中信兄弟コーチ(20)

背番号　漢字名　日本語読み　現地読み(国籍)　英語
①経歴②タイトル歴④代表歴⑤NPBでの登録名

役職　年齢　年数(CPBL)　投打　生年月日　身長体重
記号●…新入団(新任)、▲…移籍、■…復帰

中信ブラザーズ（中信兄弟）ジョンシン ションディー

19 鄭凱文

てい・かいぶん
ジェン・カイウェン
CHENG KAI WEN

投手　33歳　8年目
右右　1988.7.26　176cm80kg

①南英商工-中国文化大学-阪神-DeNA-中信兄弟(14)②防(14)、勝(14)、べ(14)、ゴ(19)③球界屈指の制球力を武器に、過去3年間で45ホールドを挙げた中継ぎエースは、今季から先発に転向。熟練度を増した14年最多勝手の投球に期待大だ。昨季は新荘棒球場と相性が良く、12試合で1点も取られなかった。④北京五輪(08)、WBC(09)、アジア大会(14)⑤鄭凱文

年度	チーム	防御率	試合	勝利	敗戦	セーブ	投球回	安打	四球	三振
2014	中信兄弟	2.48	22	11	3	0	152 2/3	150	27	108
2015	中信兄弟	3.50	16	10	4	0	103	113	24	77
2016	中信兄弟	4.53	38	9	8	1	145	175	32	114
2017	中信兄弟	4.58	35	5	8	0	125 2/3	148	29	87
2018	中信兄弟	4.18	56	4	5	1	64 2/3	71	12	55
2019	中信兄弟	2.91	65	11	3	2	65	68	9	39
2020	中信兄弟	3.11	54	1	3	2	55	59	11	42
通算		3.66	286	51	34	6	711	784	144	522

34 李振昌

り・しんしょう
リ・ジェンチャン
LEE CHEN CHANG

投手　35歳　4年目
右右　1986.10.21　180cm86kg

①屏東高中-台北体院-インディアンス-西武-ロッキーズ-ドジャース-中信兄弟(18)③スライダーを武器に三振の山を築く兄弟の守護神。昨季は打ち込まれる場面もあったが、リーグ最多タイの23セーブを挙げ、台湾人投手歴代最高の奪三振率を記録した。強烈な落差のスライダーは「鬼之滑球」と呼ばれる。④アジア大会(06)、北京五輪(08)、WBC(09)⑤C.C.リー

年度	チーム	防御率	試合	勝利	敗戦	セーブ	投球回	安打	四球	三振
2014	-	-	-	-	-	-	-	-	-	-
2015	-	-	-	-	-	-	-	-	-	-
2016	-	-	-	-	-	-	-	-	-	-
2017	-	-	-	-	-	-	-	-	-	-
2018	中信兄弟	1.42	26	1	0	13	25 1/3	23	5	22
2019	中信兄弟	1.26	52	3	1	10	50	42	4	65
2020	中信兄弟	3.86	51	1	4	23	51 1/3	33	15	78
通算		2.34	129	5	5	46	126 2/3	98	24	165

11 廖乙忠

りょう・おつちゅう
リャオ・イージョン
LIAO YI CHUNG

投手　26歳　4年目　右右　1995.11.2　186cm113kg

①日南学園高-履正社医療スポーツ専門学校-開南大学-中信兄弟(18)③大柄ながら変化球の制球に長けた先発右腕。2種類のカーブを巧みに操るが、昨季は2年目のジンクスか大きく成績を落とした。④プレミア12(19)

年度	防御率	試合	勝利	敗戦	セーブ	投球回	三振
2020	6.96	18	4	8	0	86.2	70
通算	5.76	31	7	11	0	161	132

15 王凱程

おう・がいてい
ワン・カイチェン
WANG KAI CHENG

投手　30歳　5年目　右右　1991.9.8　192cm91kg

①福岡第一高-日本経済大-BCL・石川-中信兄弟(17)③高校・大学を日本で過ごした右腕は、サイドスローからの150キロが勝負球。今季は広背筋の怪我からの復帰を目指す。④APBC(17)

年度	防御率	試合	勝利	敗戦	セーブ	投球回	三振
2020	27.00	2	0	0	0	1.1	1
通算	5.12	54	2	2	1	45.2	31

17 林樺慶

りん・かけい
リン・ホァチン
LIN HUA CHING

▲ 投手　27歳　8年目　右右　1994.10.3　186cm85kg

①高苑工商-開南大学-Lamigo(14)-楽天(20)-中信兄弟(21)17年に6勝を挙げた期待の若手も、制球難が改善されず戦力外となった。豊富な球種を武器に新天地でローテに再挑戦する。④APBC(17)、アジア大会(18)

年度	防御率	試合	勝利	敗戦	セーブ	投球回	三振
2020	8.10	1	0	1	0	3.1	4
通算	5.46	62	9	12	0	235.2	136

18 官大元

かん・だいげん
グァン・ダーユエン
KUAN TA YUAN

投手　38歳　11年目　右右　1983.9.9　174cm68kg

①磐石高中-嘉義大学-中信兄弟(11-13)-中信兄弟(14)2年新(11)、中(15)③通算378登板のタフネス右腕は昨季は出番が激減。1年目にはほぼリリーフ専任ながら、二桁勝利を挙げ新人王を獲得した。

年度	防御率	試合	勝利	敗戦	セーブ	投球回	三振
2020	12.15	5	0	0	0	6.2	4
通算	4.52	378	40	22	5	535.2	344

20 江忠城

こう・ちゅうじょう
ジャン・ジョンチェン
CHIANG CHUNG CHENG

投手　31歳　8年目　右右　1990.3.10　180cm90kg

①花蓮体中-国立体大-中信兄弟(14)④昨季は春季キャンプで大胸筋を故障し、登板せずに終わった。体調万全なら150キロ近いボールを投げるパワーリリーバーだ。

年度	防御率	試合	勝利	敗戦	セーブ	投球回	三振
2020	-	-	-	-	-	-	-
通算	6.72	150	5	15	3	176.2	172

21 彭識穎

ほう・しきえい
ポン・シーイン
PENG SHIH YING

投手　29歳　7年目　左左　1992.7.2　175cm71kg

①平鎮高中-輔仁大学-中信兄弟(15)③左の中継ぎとして1年間を通して一軍に帯同し38登板。登板時に背負った走者を返すことが多かったのは反省点だ。④APBC(17)

年度	防御率	試合	勝利	敗戦	セーブ	投球回	三振
2020	6.45	38	0	1	2	37.2	22
通算	7.21	142	1	3	3	113.2	66

46 德保拉

ホセ・デパーラ
デパオラ（ドミニカ共和国）
JOSE DE PAULA

投手　33歳　2年目
左右　1988.3.4　195cm94kg

①パドレス-ジャイアンツ-ヤンキース-DCL・石川-メキシカンL-中信兄弟(20)②M(20)、防(20)、勝(20)、三(20)、パ(20)③CPBL1年目で史上4人目の投手三冠を達成。MVPにも輝いた。左腕から繰り出す150キロ前後の速球と、打者の手元で大きく曲がる変化球を武器に今季もエースとして投げ抜く。17年には石川ミリオンスターズで8試合に投げた。

年度	チーム	防御率	試合	勝利	敗戦	セーブ	投球回	安打	四球	三振
2014	-	-	-	-	-	-	-	-	-	-
2015	-	-	-	-	-	-	-	-	-	-
2016	-	-	-	-	-	-	-	-	-	-
2017	-	-	-	-	-	-	-	-	-	-
2018	-	-	-	-	-	-	-	-	-	-
2019	-	-	-	-	-	-	-	-	-	-
2020	中信兄弟	**3.20**	27	**16**	9	0	174 1/3	154	48	**192**
通算		3.20	27	16	9	0	174 1/3	154	48	192

64 黄恩賜

こう・おんし
ホァン・エンス
HUANG EN SSU

投手　24歳　5年目
右右　1996.5.17　185cm98kg

①玉里高中-台湾体大-中信兄弟(17)③4年目で開花した最速156キロの本格派エース。昨季は前半戦でリーグトップの7勝を挙げ、台湾シリーズでも好投した。フォーク、チェンジアップ、スライダーの持ち球は、いずれも決め球に使える切れ味の鋭さを誇る。

年度	チーム	防御率	試合	勝利	敗戦	セーブ	投球回	安打	四球	三振
2014	-	-	-	-	-	-	-	-	-	-
2015	-	-	-	-	-	-	-	-	-	-
2016	-	-	-	-	-	-	-	-	-	-
2017	-	-	-	-	-	-	-	-	-	-
2018	-	-	-	-	-	-	-	-	-	-
2019	中信兄弟	7.47	17	3	5	0	68 2/3	100	25	47
2020	中信兄弟	4.40	18	9	2	0	102 1/3	98	30	101
通算		5.63	35	12	7	0	171	198	55	148

22 呉蔚驊

ご・いか
ウー・ウェイホァ
WU WEI HUA

投手　30歳　5年目　右右　1991.3.15　180cm92kg

①大理高中-中信兄弟(17)③最速150キロの速球と球の伸びは光るが、制球難が大成を阻んでいる。30歳を迎える今シーズンは不退転の覚悟で勝負する。

年度	防御率	試合	勝利	敗戦	セーブ	投球回	三振
2020	∞	2	0	0	0	0	0
通算	∞	2	0	0	0	0	0

30 李呉永勤

りご・えいきん
リーウ・ヨンチン
LI WU YUNG CHIN

投手　23歳　6年目　左左　1998.3.29　177cm83kg

①高苑工商-中信兄弟(16)③プロ入り5年目にして、初の一軍登板を果たした。スピードは130キロ後半と速くないが、コントロールで補っている。

年度	防御率	試合	勝利	敗戦	セーブ	投球回	三振
2020	0.00	2	0	0	0	1.2	1
通算	0.00	2	0	0	0	1.2	1

33 王則鈞

おう・そくきん
ワン・ゼジュン
WANG TSE CHUN

投手　26歳　9年目　右右　1995.8.7　181cm86kg

①平鎮高中-兄弟(13)-中信兄弟(14)③リリーフ転向で一皮むけ、昨季は二軍で高いゴロ率と奪三振率を記録した。3年ぶりの一軍登板へ変化球の精度を上げたい。

年度	防御率	試合	勝利	敗戦	セーブ	投球回	三振
2020	-	-	-	-	-	-	-
通算	5.76	35	3	8	0	100	52

35 羅傑斯

エスミル・ロジャース
ルォジェス（ドミニカ共和国）
ESMIL ROGERS

投手　36歳　2年目　右右　1985.8.14　190cm90kg

①ロッキーズ-インディアンズ-ブルージェイズ-ヤンキース-韓国・ハンファナショナルズ-韓国・ネクセン-メキシカンL-中信兄弟(20)③後半から自身のピッチングを取り戻し、17先発で防御率3.47と好投した。底抜けに明るい性格で、今季もチームを牽引する。

年度	防御率	試合	勝利	敗戦	セーブ	投球回	三振
2020	3.47	17	6	4	0	109	113
通算	3.47	17	6	4	0	109	113

37 王梓安

おう・しあん
ワン・ズーアン
WANG TZU AN

投手　31歳　8年目　右右　1990.10.9　198cm90kg

①三信家商-カブス-中信兄弟(14)③198cmの長身を活かしたボールの角度が持ち味。決め球フォークボールの精度が上がれば、一軍ブルペンのアクセントに。

年度	防御率	試合	勝利	敗戦	セーブ	投球回	三振
2020	-	-	-	-	-	-	-
通算	5.52	88	4	15	1	159.2	89

38 林丞軒

りん・じょうけん
リン・チェンシュエン
LIN CHENG HSUAN

投手　28歳　4年目　右右　1993.6.22　183cm82kg

①成功商水-高苑科技大学-中信兄弟(18)③スタミナと平均で140キロ中盤をマークする速球が魅力の3年目右腕は、高めに浮きがちなコントロールを改善したい。

年度	防御率	試合	勝利	敗戦	セーブ	投球回	三振
2020	-	-	-	-	-	-	-
通算	-	-	-	-	-	-	-

中信兄弟

樂天桃猿

富邦悍將

味全龍

9 王威晨

おう・いしん
ワン・ウェイチェン
WANG WEI CHEN

内野手　30歳　7年目
右右　1991.7.3　183cm75kg

①穀保家商-輔仁大学-中信兄弟(15)②盗(18,19)、べ(20)、ゴ(19,20)③昨季も不動の1番打者として全試合に出場し自己最高の打率をマーク。左投手相手にも打率.419とカモにした。様々なボールに対応し、左方向の安打を量産する。今季はポジションを三塁から手薄な二塁に移す予定だ。④プレミア12(19)

年度	チーム	打率	試合	打数	安打	本塁打	打点	盗塁	四球	三振
2014	-	-	-	-	-	-	-	-	-	-
2015	-	-	-	-	-	-	-	-	-	-
2016	中信兄弟	.083	6	12	1	0	0	0		5
2017	中信兄弟	.280	26	100	28	0	16	4	10	27
2018	中信兄弟	.335	118	489	164	0	42	44	42	64
2019	中信兄弟	.317	115	451	143	1	45	27	26	52
2020	中信兄弟	.339	120	501	170	4	47	17	37	60
通算		.326	385	1553	506	5	150	92	115	208

7 張志豪

ちょう・しごう
ジャン・ジーハオ
CHANG CHIH HAO

外野手　34歳　12年目
右右　1987.5.15　180cm81kg

①高苑工商-台湾体院-兄弟(10-13)-中信兄弟(14)②盗(12)、本(18)、べ(17)、ゴ(13,17,18,19)③昨季はリーグ史上初の4年連続20HR以上を達成。アッパースイングから放たれる長打が魅力の中堅手はFA権行使も3年契約で残留。台湾シリーズでは結果を残せなかったが、今季こそルーキーイヤー以来の優勝に導けるか。④プレミア12(15,19)、WBC(17)

年度	チーム	打率	試合	打数	安打	本塁打	打点	盗塁	四球	三振
2014	中信兄弟	.262	112	401	105	10	52	20	28	73
2015	中信兄弟	.297	91	327	97	14	45	12	24	57
2016	中信兄弟	.322	70	292	94	17	70	7	20	61
2017	中信兄弟	.300	80	303	91	23	72	11	26	86
2018	中信兄弟	.268	110	384	103	22	61	4	25	110
2019	中信兄弟	.298	109	327	98	17	74	10	32	97
2020	中信兄弟	.298	107	369	110	27	88	4	36	78
通算		.281	1108	3840	1080	150	619	137	325	867

41 鄭佳彦

てい・かげん
ジェン・ジャーイェン
CHENG CHIA YEN

投手　29歳　5年目　左左　1992.7.29　184cm92kg

①強恕中学-台北市立大学-中信兄弟(17)③眼鏡がトレードマークのサウスポー。19年は61試合に登板も、昨季は首脳陣の信頼を勝ち取れず出番を大幅に減らした。

年度	防御率	試合	勝利	敗戦	セーブ	投球回	三振
2020	2.25	14	0	0	0	12	9
通算	4.17	75	2	3	2	45.1	33

48 邱品睿

きゅう・ひんえい
チョウ・ピンルイ
CHIU PIN JUI

投手　34歳　10年目　左左　1987.12.13　180cm82kg

①華興中学-開南大学-兄弟(12-13)-中信兄弟(14)③二軍歴代の通算最多登板記録を持つベテラン左腕。大きなカーブを武器に打者を幻惑する投球で、左キラーとして一軍返り咲きを目指す

年度	防御率	試合	勝利	敗戦	セーブ	投球回	三振
2020	-	-	-	-	-	-	-
通算	5.24	102	5	4	1	127	86

49 余謙

よ・けん
ユ・チェン
YU CHIEN

●投手　20歳　2年目　右右　2001.4.9　180cm76kg

①南英商工-開南大学-中信兄弟(20)③海外挑戦も噂されたゴールデンルーキー。球威・制球・変化球全てがハイレベルだが、特に高めのストレートは一級品だ。

年度	防御率	試合	勝利	敗戦	セーブ	投球回	三振
2020	-	-	-	-	-	-	-
通算	-	-	-	-	-	-	-

50 蔡齊哲

さい・せいてつ
ツァイ・チージェ
TSAI CHI CHE

投手　26歳　6年目　右右　1995.12.18　182cm78kg

①成功商水-台東大学-中信兄弟(17)③リリーフ転向を機に腕の角度を下げて球威が倍増。昨季前半はリーグ最多タイの34試合に登板し防御率1.80と好投した。

年度	防御率	試合	勝利	敗戦	セーブ	投球回	三振
2020	3.51	52	6	2	0	51.1	45
通算	6.25	84	10	16	0	171.1	117

54 王奕凱

おう・やくがい
ワン・イーカイ
WANG YI KAI

投手　21歳　4年目　左左　2000.8.29　183cm80kg

①花蓮体中-中信兄弟(18)③あっち向いてホイ投法から150キロ近いボールを投げる期待の若手左腕。初の開幕一軍を掴んだ今季一気にブレイクしたい。

年度	防御率	試合	勝利	敗戦	セーブ	投球回	三振
2020	-	-	-	-	-	-	-
通算	5.06	5	0	1	0	5.1	5

55 加百利

ガブリエル・イノーア
ジャーバイリー(ドミニカ共和国)
GABRIEL YNOA

●投手　28歳　1年目　右右　1993.5.26　188cm92kg

①リセオ・ドン・ペペ・アルバレス高-メッツ-オリオールズ-ヤクルト-中信兄弟(21)③昨季はヤクルトでプレーも9試合で防御率10.13と打ち込まれた。動くボールを軸に、ゴロを打たせる投球が期待される。⑤ガブリエル・イノーア

年度	防御率	試合	勝利	敗戦	セーブ	投球回	三振
2020	-	-	-	-	-	-	-
通算	-	-	-	-	-	-	-

16　周思齊
しゅう・しせい
ジョウ・スーチー
CHOU SSU CHI

外野手　40歳　17年目
左左　1981.10.26　178cm90kg

①高苑工商-輔仁大学-誠泰(05-07)-米迪亞(08)-兄弟(09-13)-中信兄弟(14)②M(12)、ベ(08,09,12,20)③19年の不振から見事に復活したチーム最年長。昨季は5月末まで打率.213と不調もそこから調子を上げ、自己最多の22HR。コーチ補佐を兼任する今季は、高い打撃技術と真摯な野球への態度を後輩にも伝えていく。④WBC(13)

年度	チーム	打率	試合	打数	安打	本塁打	打点	盗塁	四球	三振
2014	中信兄弟	.277	102	332	92	4	42	6	37	56
2015	中信兄弟	.349	109	413	144	15	79	11	45	68
2016	中信兄弟	.342	114	409	140	17	103	6	**63**	56
2017	中信兄弟	.302	107	387	117	8	52	9	49	38
2018	中信兄弟	.305	110	394	120	11	64	2	30	60
2019	中信兄弟	.258	83	190	49	6	33	3	16	28
2020	中信兄弟	.324	106	355	115	22	81	6	36	66
通算		.314	1534	5291	1660	140	875	90	570	803

39　詹子賢
せん・しけん
ジャン・ズーシェン
CHAN TZU HSIEN

外野手　27歳　6年目
右右　1994.2.24　183cm92kg

①南英商工-中国文化大学-中信兄弟(16)②新(17)、ベ(19)、ゴ(20)③力の抜けたフォームからボールを上手くバットに乗せる技術に長けた右打者が、中軸に座り2年連続で20HRに到達。守備でも6補殺を記録し初のゴールデングラブ賞を獲得した。好機での集中力が高まれば、初の打撃タイトルが見えてくる。④APBC(17)、アジア大会(18)

年度	チーム	打率	試合	打数	安打	本塁打	打点	盗塁	四球	三振
2014	-	-	-	-	-	-	-	-	-	-
2015	-	-	-	-	-	-	-	-	-	-
2016	中信兄弟	.304	15	46	14	2	6	0	3	7
2017	中信兄弟	.350	83	277	97	17	60	3	26	53
2018	中信兄弟	.281	93	331	93	9	52	2	18	64
2019	中信兄弟	.351	111	348	122	26	75	6	28	55
2020	中信兄弟	.333	112	420	140	20	80	4	50	79
通算		.328	414	1422	466	74	271	15	125	258

56　楊志龍
よう・しりゅう
ヤン・ジーロン
YANG CHIH LUNG

投手　28歳　6年目　右右　1993.4.7　189cm102kg

①台東体中-中国文化大学-中信兄弟(16)③フォークを武器に高い奪三振率を誇る先発投手だが、肩の怪我で昨季は全休。順調にいけば6月頃に復帰予定だ。

年度	防御率	試合	勝利	敗戦	セーブ	投球回	三振
2020	-	-	-	-	-	-	-
通算	5.73	43	4	5	-	130.1	120

59　曾家鋐
そう・かこう
ツェン・ジャーホン
TSENG CHIA HUNG

●投手　24歳　2年目　右右　1997.9.3　178cm70kg

①中興高中-南華大学-中信兄弟(20)③大学ではフォークボールを武器に先発で活躍した。プロでは速球の威力を高めて、まずは1イニングを全力で抑えたい。

年度	防御率	試合	勝利	敗戦	セーブ	投球回	三振
2020	-	-	-	-	-	-	-
通算	-	-	-	-	-	-	-

62　陳琥
ちん・こ
チェン・フー
CHEN HU

投手　23歳　6年目　右左　1998.4.29　180cm99kg

①穀保家商-中信兄弟(16)③かつてのドラ1右腕も一昨年の故障以来、精彩を欠いた日々が続く。素質の高さは折り紙付きなだけに、本格開花が待たれる。

年度	防御率	試合	勝利	敗戦	セーブ	投球回	三振
2020	-	-	-	-	-	-	-
通算	4.88	28	3	6	0	97.2	88

79　謝榮豪
しゃ・えいごう
シェ・ロンハオ
HSIEH JUNG HAO

投手　31歳　8年目　右右　1990.7.9　188cm101kg

①穀保家商-台湾体大-中信兄弟(14)③フォークが武器のリリーバーは、過去2年続けてシーズン終盤に長期離脱している。今季こそ年間通してチームに貢献したい。

年度	防御率	試合	勝利	敗戦	セーブ	投球回	三振
2020	3.92	26	1	0	1	20.2	9
通算	4.62	194	9	13	14	233.2	144

80　魏碩成
ぎ・せきせい
ウェイ・シュオチェン
WEI SHUO CHENG

投手　24歳　3年目　左左　1997.6.17　182cm78kg

①善化高中-遠東科技大学-中信兄弟(19)③荒れ球で打者に恐怖感を抱かせる変則左腕。左打者を被打率.143と抑え込み、8月にはプロ初先発で初勝利を挙げた。

年度	防御率	試合	勝利	敗戦	セーブ	投球回	三振
2020	7.36	6	1	2	0	18.1	7
通算	7.36	6	1	2	0	18.1	7

82　楊達翔
よう・たつしょう
ヤン・ダーシャン
YANG TA HSIANG

投手　28歳　5年目　右右　1993.10.3　191cm97kg

①三民高中-大同技術学院-中信兄弟(17)③153キロの真っ直ぐは球威十分も、二軍7登板で13四球とコントロールに難がある。オフの猛練習を一軍での結果に繋げたい。

年度	防御率	試合	勝利	敗戦	セーブ	投球回	三振
2020	-	-	-	-	-	-	-
通算	13.50	4	0	0	0	3.1	0

83 陳柏豪　ちん・はくごう　CHEN PO HAO

投手　22歳　5年目　右右　1999.1.28　178cm78kg

①西苑中學-中信兄弟(17)③昨季は快速球を武器に、自身最多の41試合に登板。自身初の先発マウンドにも立った。開幕直前に右腕を故障したのは心配。④アジア大会(18)

年度	防御率	試合	勝利	敗戦	セーブ	投球回	三振
2020	3.38	41	1	3	0	48	46
通算	4.97	102	5	9	3	114	88

84 黃弘毅　こう・こうき　HUANG HUNG YI

投手　20歳　3年目　右右　2001.4.6　183cm78kg

①東大體中-中信兄弟(19)③19年5位指名の高校生が、わずか1年で153キロ投手に変貌した。フォームの安定度を高めれば、将来は160キロも夢ではない。

年度	防御率	試合	勝利	敗戦	セーブ	投球回	三振
2020	-	-	-	-	-	-	-
通算	-	-	-	-	-	-	-

93 吳哲源　ご・てつげん　WU CHE YUAN

投手　27歳　6年目　右右　1994.8.12　175cm68kg

①東勢高工-高苑科技大學-中信兄弟(16)③ドラフト10位指名ながら、年々球威を増し二軍ではクローザーとして君臨。二軍通算23セーブの歴代最多記録保持者。

年度	防御率	試合	勝利	敗戦	セーブ	投球回	三振
2020	3.32	20	1	0	7	21.2	17
通算	5.14	81	5	5	7	91	64

94 吳俊偉　ご・しゅんい　WU CHUN WEI

投手　23歳　4年目　右右　1998.12.31　175cm71kg

①屏東高中-中信兄弟(18)②中(20)③細身の体でフル回転し、リーグ最多の24ホールドを挙げた。バックスピンが効いた速球を武器に、真っ向勝負でねじ伏せる。

年度	防御率	試合	勝利	敗戦	セーブ	投球回	三振
2020	3.08	56	3	3	0	49.2	54
通算	3.03	72	6	3	0	68.1	65

97 萊福力　ミッチ・ライブリー　ライブリ(アメリカ合衆国)　MITCH LIVELY

投手　36歳　4年目　右右　1985.9.7　196cm113kg

①カリフォルニア州立大サクラメント校-ロッキーズ-米独立L-ジャイアンツ-ナショナルズ-日本ハム-メキシカンL-ナショナルズ-メキシカンL-中信兄弟(18)③ファンに愛されるナイスガイは5月から8先発で6勝を挙げたが、後半戦は右肩の故障で離脱した。今季はフル回転を期待。⑤ミッチ・ライブリー

年度	防御率	試合	勝利	敗戦	セーブ	投球回	三振
2020	3.94	9	6	1	0	48	36
通算	3.66	68	23	20	0	366	295

99 周磊　しゅう・らい　CHOU LEI

投手　30歳　7年目　右右　1991.4.16　184cm89kg

①強恕中學-台北体院-中信兄弟(15)③先発・中継ぎどちらでもこなせる便利屋だが、球威が心もとない。コーナーを上手く使う投球で、チームの穴を埋められるか。

年度	防御率	試合	勝利	敗戦	セーブ	投球回	三振
2020	10.32	3	0	0	0	11.1	4
通算	7.01	49	5	7	0	87.1	49

0 林吳晉瑋　りんご・しんい　LIN WU CHIN WEI

●捕手　19歳　2年目　右左　2002.2.4　179cm80kg

①穀保家商-中信兄弟(20)③リーグ初の離島・綠島出身の選手で、高校時代は一塁手、捕手、投手を務めた長距離砲。プロでは捕手として育成される。

年度	打率	試合	安打	本塁打	打点	盗塁	三振
2020	-	-	-	-	-	-	-
通算	-	-	-	-	-	-	-

5 吳明鴻　ご・めいこう　WU MING HUNG

捕手　27歳　5年目　右右　1994.11.2　178cm85kg

①嘉義高中-中国文化大學-中信兄弟(17)③二軍では打率.344も7失策は多すぎた。3年ぶりの一軍昇格を果たすために、守備から捕手の信頼を得ていきたい。

年度	打率	試合	安打	本塁打	打点	盗塁	三振
2020	-	-	-	-	-	-	-
通算	.250	25	14	0	3	0	16

12 林明杰　りん・めいけつ　LIN MING CHIEH

捕手　30歳　7年目　右右　1991.3.18　187cm101kg

①中道中學-中国文化大學-中信兄弟(15)③昨季は二軍で打棒が爆発し打率.381、12HRをマーク。今季こそパワフルな打撃を一軍でも再現し、出番を増やしたい。

年度	打率	試合	安打	本塁打	打点	盗塁	三振
2020	.200	3	1	0	0	0	2
通算	.200	98	34	2	13	1	53

26 黃鈞聲　こう・きんせい　HUANG CHUN SHENG

捕手　32歳　10年目　右右　1989.1.19　178cm100kg

①南英商工-嘉南藥理科技大學-兄弟(12-13)-中信兄弟(14)③膝の故障の影響で大きく出番を減らした昨季。健康な体を取り戻し、安定感ある守備で再び一軍のマスクを取り戻す。

年度	打率	試合	安打	本塁打	打点	盗塁	三振
2020	.324	26	22	3	14	1	16
通算	.265	436	286	12	128	3	216

42 陳家駒

ちん・かく
チェン・ジャージュ
CHEN CHIA CHU

捕手　32歳　8年目　右左　1989.4.7　180cm81kg

①穀保家商-中国文化大学-レッドソックス-中信兄弟(14)②ゴ(15,20)③19年一軍出場無しも強肩、高いフレーミング能力と守備面での貢献が光り徐々に出番を増やした。今季正捕手の座濡得なるか。

年度	打率	試合	安打	本塁打	打点	盗塁	三振
2020	.298	63	48	2	16	2	29
通算	.259	333	218	25	98	3	178

52 張聖豪

ちょう・せいごう
ジャン・シェンハオ
CHANG SHENG HAO

捕手　20歳　3年目　右左　2001.5.11　175cm70kg

①東大体中-中信兄弟(19)③守備に自信の捕手は二軍で10試合に出場も全て試合途中から。今季はより出場機会を得て、スキルアップを目指す。

年度	打率	試合	安打	本塁打	打点	盗塁	三振
2020	-	-	-	-	-	-	-
通算	-	-	-	-	-	-	-

65 高宇杰

こう・うけつ
ガオ・ユージェ
KAO YU CHIEH

捕手　24歳　4年目　右右　1997.7.17　184cm88kg

①平鎮高中-国立体大-中信兄弟(18)③チームの捕手で最多出場も攻守に課題が見つかった昨季。若手捕手は躓きをバネに今季更なる成長を見せられるか。④プレミア12(19)

年度	打率	試合	安打	本塁打	打点	盗塁	三振
2020	.230	70	38	3	18	0	49
通算	.251	120	65	4	31	0	70

13 陳偉漢

ちん・いかん
チェン・ウェイハン
CHEN WEI HAN

内野手　32歳　8年目　右右　1989.8.29　178cm82kg

①穀保家商-台湾体大-中信兄弟(14)②二軍で最多安打のタイトル獲得も、一軍出場は無し。内野3ポジションを守られるだけに安定感が加われば使い勝手の良い存在だ。

年度	打率	試合	安打	本塁打	打点	盗塁	三振
2020	-	-	-	-	-	-	-
通算	.277	142	101	0	33	6	58

14 王勝偉

おう・しょうい
ワン・シェンウェイ
WANG SHENG WEI

内野手　37歳　14年目　右右　1984.4.1　180cm73kg

①成功商水-台湾体院-兄弟(08-13)-中信兄弟(14)②盗(08,09,13,17)、ベ(11,13)、ゴ(08,10,11,12,14,15,16,17,19)③長年遊撃を守ったベテランは昨季、開幕から不振で江坤宇にその座を譲った。数々の勝負所でチームを救った技を再び見せられるか。④WBC(09,17)、プレミア12(19)

年度	打率	試合	安打	本塁打	打点	盗塁	三振
2020	.269	30	18	1	5	4	19
通算	.272	1305	1227	55	520	213	751

25 林智勝

りん・ちしょう
リン・ジーシェン
LIN CHIH SHENG

内野手　39歳　18年目　右右　1982.1.1　183cm108kg

①善化高中-La New(04-10)-Lamigo(11-15)-中信兄弟(16)②M(15)、本(09,10,12)、点(10)、ベ(06,07,08,09,12,15,16)、ゴ(07)③昨季は2度試合中の負傷で離脱、調子が上がらないシーズンだった。残り3本に迫ったリーグ通算本塁打の記録更新がかかる。④WBC(06,13,17)、アジア大会(06,10)、北京五輪(08)、プレミア12(15)

年度	打率	試合	安打	本塁打	打点	盗塁	三振
2020	.261	40	30	3	18	0	29
通算	.314	1444	1667	286	1122	160	**1159**

47 林志綱

りん・しこう
リン・ジーガン
LIN CHIH KANG

● 内野手　22歳　2年目　右右　1999.2.13　178cm72kg

①彰化芸中-台湾体大-中信兄弟(20)③突出した走力と二塁、遊撃、外野を守れるユーティリティー性が持ち味。パワーが身につけば起用の幅は広がる。

年度	打率	試合	安打	本塁打	打点	盗塁	三振
2020	-	-	-	-	-	-	-
通算	-	-	-	-	-	-	-

61 王政順

おう・せいじゅん
ワン・ジェンシュン
WANG CHENG SHUN

内野手　25歳　4年目　右右　1996.10.30　175cm78kg

①桃園農工-国立体大-中信兄弟(18)③昨季は二軍で一塁、三塁を主に守り打率.313 5HR。打席での余裕も出てきた左の巧打者は今季一軍デビューなるか。

年度	打率	試合	安打	本塁打	打点	盗塁	三振
2020	-	-	-	-	-	-	-
通算	-	-	-	-	-	-	-

63 潘志芳

はん・しほう
パン・ジーファン
PAN CHIH FANG

内野手　31歳　7年目　右左　1990.11.12　180cm82kg

①美和中学-台湾体院-アスレチックス-中信兄弟②③本職は内野手だが、昨季は出場機会を得るため外野での出場が中心だった。シーズン終盤の勢いを今年も保てるか。④アジア大会(14)

年度	打率	試合	安打	本塁打	打点	盗塁	三振
2020	.300	15	9	1	6	1	8
通算	.294	133	88	3	29	7	80

66 黃韋盛

こう・いせい
ホァン・ウェイシェン
HUANG WEI SHENG

● 内野手　22歳　2年目　右右　1999.2.19　183cm82kg

①西苑中学-遠東科技大学-中信兄弟(20)③バットコントロールの良さが魅力の一塁手はキャンプから順調にアピール。プロでは新たに三塁も練習し、一軍の座を狙う。

年度	打率	試合	安打	本塁打	打点	盗塁	三振
2020	-	-	-	-	-	-	-
通算	-	-	-	-	-	-	-

68 馬鋼
ま・こう
マ・ガン
MA KANG

● 内野手 19歳 2年目 右右 2002.4.14 184cm84kg

①普門中学-中信兄弟(20)③長打力に高い評価を受け、安定感ある三塁守備も見せる。馬傑森(楽天)とは高校時代同じチームで共に中軸に座った。

年度	打率	試合	安打	本塁打	打点	盗塁	三振
2020	-	-	-	-	-	-	-
通算	-	-	-	-	-	-	-

69 張志強
ちょう・しきょう
ジャン・ジーチャン
CHANG CHIH CHIANG

● 内野手 32歳 8年目 右右 1989.12.21 168cm80kg

①中道中学-中国文化大学-中信兄弟(14)③安定した守備が持ち味の内野手は昨季二軍で打率.356と打撃好調。選手起用の幅を広げられる存在としてアピールしていく。

年度	打率	試合	安打	本塁打	打点	盗塁	三振
2020	.222	7	2	0	2	0	6
通算	.236	88	43	0	13	1	42

71 杜家明
と・かめい
ドゥ・ジャーミン
TU CHIA MING

● 内野手 25歳 8年目 右右 1996.2.3 183cm98kg

①平鎮高中-中信兄弟(14)③投手として入団も19年に野手転向、昨季は一軍で主に代打で起用された。シャープなスイングで今季はスタメンの機会を窺う。

年度	打率	試合	安打	本塁打	打点	盗塁	三振
2020	.261	14	6	0	3	0	6
通算	.261	14	6	0	3	0	6

74 許基宏
きょ・きこう
シュ・ジーホン
HSU CHI HUNG

● 内野手 29歳 8年目 右右 1992.7.22 187cm103kg

①高苑工商-台湾体大-中信兄弟(14)②新(15)、べ(20)、ゴ(20)③2年間不振に苦しむも復活し初の規定打席と自己最多のHR数をマーク。豪快なスイングが魅力の大砲は中軸で打線の柱となる。

年度	打率	試合	安打	本塁打	打点	盗塁	三振
2020	.322	105	113	19	65	1	82
通算	.304	363	344	63	226	4	320

75 林瑞鈞
りん・ずいきん
リン・ルイジュン
LIN JUI CHUN

● 内野手 20歳 3年目 右左 2001.4.6 173cm65kg

①西苑中学-中信兄弟(19)③高卒2年目の昨季は二軍で途中出場がメインながら打率.310をマーク。ミート力に長けた打撃とセンスある守備が持ち味だ。

年度	打率	試合	安打	本塁打	打点	盗塁	三振
2020	-	-	-	-	-	-	-
通算	-	-	-	-	-	-	-

90 江坤宇
こう・こんう
ジャン・クンユ
CHIANG KUN YU

● 内野手 21歳 4年目 右右 2000.7.4 175cm72kg

①平鎮高中-中信兄弟(18)②ゴ(20)③流れるような守備と広角に鋭く打ち分ける打撃で遊撃のレギュラーに定着。今後10年は安心してポジションを任せられる存在だ。

年度	打率	試合	安打	本塁打	打点	盗塁	三振
2020	.309	114	122	4	44	7	39
通算	.307	117	123	4	44	7	40

96 蘇緯達
そ・いたつ
スー・ウェイダ
SU WEI TA

● 内野手 31歳 7年目 右右 1990.11.10 185cm103kg

①台中高農-台湾体大-中信兄弟(15)③高めが得意な大砲は代打だけで5HRを放ち、切り札として注目された。一年を戦う体力をつけ今季は初の規定打席到達なるか。

年度	打率	試合	安打	本塁打	打点	盗塁	三振
2020	.293	93	72	14	55	1	72
通算	.271	324	211	34	148	3	239

98 岳東華
がく・とうか
ユエ・ドンホァ
YUEH TUNG HUA

● 内野手 26歳 5年目 右右 1995.10.19 178cm75kg

①穀保家商-開南大学-中信兄弟(17)③若きユーティリティーは6つのポジション、7つの打順に入った。高い運動能力を生かし今季も攻守に闘志溢れるプレーを見せる。④プレミア12(19)

年度	打率	試合	安打	本塁打	打点	盗塁	三振
2020	.291	76	69	4	34	4	39
通算	.278	161	127	10	61	7	87

1 陳子豪
ちん・しごう
チェン・ズーハオ
CHEN TZU HAO

● 外野手 26歳 9年目 左左 1995.7.29 179cm89kg

①高苑工商-兄弟(13)-中信兄弟(14)②べ(18)、ゴ(20)③鋭い打球を放つ中距離打者は6月終了時点で打率.262 1HRと苦しんだ。後半の復調を今季はシーズン通して再現できるか。④APBC(17)

年度	打率	試合	安打	本塁打	打点	盗塁	三振
2020	.288	85	81	11	52	2	71
通算	.302	677	674	86	417	30	461

2 李聖裕
り・せいゆう
リ・シェンユ
LI SHENG YU

● 外野手 24歳 3年目 右左 1997.5.6 178cm75kg

①東大体中-台東大学-中信兄弟(19)③19年に自主培訓選手(育成選手に相当)として入団、二軍で活躍し昨季7月に支配下登録。高い打撃センスで一軍昇格を目指す。

年度	打率	試合	安打	本塁打	打点	盗塁	三振
2020	-	-	-	-	-	-	-
通算	-	-	-	-	-	-	-

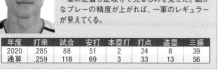

4 陳文杰
ちん・ぶんけつ
チェン・ウェンジェ
CHEN WEN CHIEH

外野手　24歳　6年目　右右　1997.10.11　184cm76kg

①花蓮体中-中信兄弟(16)③控え外野手として一軍に定着し走攻守で光るものを見せた。細かなプレーの精度が上がれば、一軍のレギュラーが見えてくる。

年度	打率	試合	安打	本塁打	打点	盗塁	三振
2020	.285	88	51	2	24	8	39
通算	.259	118	69	3	33	13	56

10 邱志恆
きゅう・しこう
チョウ・ジヘン
CHIU CHIH HENG

外野手　20歳　3年目　右右　2001.1.29　176cm85kg

①穀保家商-中信兄弟(19)③17年にはU18W杯で代表入り経験もある。小柄ながら長打力はピカイチの大砲候補。まずは二軍で打力をアピールだ。

年度	打率	試合	安打	本塁打	打点	盗塁	三振
2020	-	-	-	-	-	-	-
通算	-	-	-	-	-	-	-

32 曾頌恩
そう・しょうおん
ツェン・ソンエン
TSENG SUNG EN

外野手　21歳　3年目　右右　2000.1.8　178cm92kg

①玉里高中-台東大学-中信兄弟(19)③パワーが売りの右打者は二軍で打撃不振に陥り、打率.219 3HR。登録は外野手だが一塁も守り出場機会を模索していく。

年度	打率	試合	安打	本塁打	打点	盗塁	三振
2020	-	-	-	-	-	-	-
通算	-	-	-	-	-	-	-

43 林書逸
りん・しょいつ
リン・シューイ
LIN SHU YI

外野手　28歳　6年目　右右　1993.5.20　181cm78kg

①南英商工-中国文化大学-中信兄弟(16)③高い走力と外野3ポジションをそつなくこなす守備力が武器の控え外野手。試合終盤の重要な場面で重宝する選手だ。

年度	打率	試合	安打	本塁打	打点	盗塁	三振
2020	.286	54	26	0	9	3	19
通算	.266	224	118	6	46	12	109

85 劉貴元
りゅう・きげん
リョウ・グイユエン
LIU KUEI YUAN

●外野手　19歳　2年目　右右　2002.1.19　175cm72kg

①普門中学-中信兄弟(20)③小柄な体格ながら俊足と選球眼を有している高卒外野手は、将来リードオフマンとして成長すれば面白い存在だ。

年度	打率	試合	安打	本塁打	打点	盗塁	三振
2020	-	-	-	-	-	-	-
通算	-	-	-	-	-	-	-

88 宋晟睿
そう・せいえい
ソン・チェンルイ
SUNG CHENG JUI

●外野手　19歳　2年目　右右　2002.8.14　182cm78kg

①平鎮高中-中信兄弟(20)③高校時代は二刀流としても高い評価。プロではまず強肩と広い守備範囲を活かした外野手としてプレーする。

年度	打率	試合	安打	本塁打	打点	盗塁	三振
2020	-	-	-	-	-	-	-
通算	-	-	-	-	-	-	-

92 岳政華
がく・せいか
ユエ・ジェンホァ
YUEH CHENG HUA

外野手　20歳　3年目　左左　2001.1.29　176cm85kg

①穀保家商-中信兄弟(19)③昨年9月に一軍昇格、台湾シリーズでは6試合で先発出場した。広い守備範囲とスイングスピードの速さを誇る。岳東華は兄。

年度	打率	試合	安打	本塁打	打点	盗塁	三振
2020	.208	15	5	1	6	1	5
通算	.208	15	5	1	6	1	5

中信ブラザーズ（中信兄弟）ジョンシン ションディー

主な獲得タイトル
（　）内はNPBでの該当タイトル名

M＝年度MVP　　　　（最優秀選手）
新＝最佳新人奬　　（新人王）
首＝打撃王　　　　（首位打者）
本＝全壘打王　　　（最多本塁打）
点＝打點王　　　　（最多打点）
盗＝盗壘王　　　　（最多盗塁）
防＝防禦率王　　　（最優秀防御率）
勝＝勝投王　　　　（最多勝利）
救＝救援王　　　　（最多セーブ）
中＝中繼王　　　　（最優秀中継ぎ）
三＝三振王　　　　（最多奪三振）
ベ＝最佳十人奬　　（ベストナイン）
ゴ＝金手套奬　　　（ゴールデングラブ賞）

※成績の太字はリーグトップ

名人堂花園大飯店

台湾には「泊まれる野球の殿堂」がある!?

北部、桃園市の龍潭にある「棒球名人堂」は、台湾における野球の殿堂だ。野球のボールをかたどったユニークな形状の「棒球名人堂」は、台湾プロ野球の父と呼ばれる兄弟エレファンツの親会社、兄弟ホテルの洪騰勝・董事長によって建てられた。館内には、殿堂入りした人々の肖像レリーフのほか、台湾球界を牽引してきた名選手、名指導者達

のユニフォームや用具の展示、さらに豊富な資料もあり、台湾野球の歴史について深く学べる。また、スヌーピーとコラボした子供向けのコーナーもあり、ちびっ子も楽しめる。隣接するホテル「フェイムホールガーデンホテル」では宿泊はもちろん、各種グルメも味わえる。

楽天モンキーズ
樂天桃猿

楽天モンキーズ
レティエン タオユエン

球団情報

台灣樂天棒球隊股份有限公司
創立：2019年12月17日　GM：浦韋青　本拠地：桃園國際棒球場
球団事務所：桃園市中壢區領航北路一段1號　TEL：03-425-0927
https://monkeys.rakuten.com.tw

2020年シーズン回顧と 2021年の展望

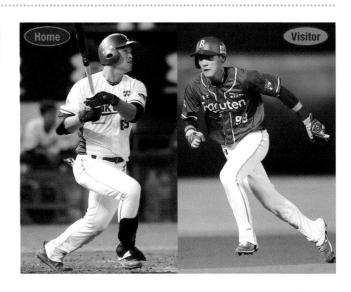

Home　　Visitor

前身のLamigoを含め前人未到の4連覇なるかが大いに注目された昨季。前期は開幕から7連勝と幸先良いスタートも、6月以降16勝17敗と失速し2位。後期はシーズン終盤まで全球団に優勝の可能性がある中、10月に4勝10敗と大きく負け越し失速。最下位となり連覇の夢は絶たれてしまった。投手陣は失点がリーグ最多で、3人が10勝をマークするも貯金を稼げるエースの不在が響いた。打線も盗塁王を獲得した陳晨威の台頭はあったものの、30代以上の主力野手が振るわず。連覇中に見せた他球団を圧倒する攻撃力を発揮できなかった。

今季も野手は林立、朱育賢など脂の乗った主力が健在。投手陣は外国人投手全員を入れ替え勝負に出ており、また手薄だった左のリリーフにFAで賴鴻誠が加入。昨季リーグ最多の失策数を記録した守備力の改善、勝利を重ねられるエースが出現すれば、王座奪還が見えてくる。

マスコット
猿氣小子＆大聖＆Rocky

チアリーダー
Rakuten Girls

年度別成績								
年度	順位		チーム名	試合	勝	敗	分	勝率
2003		6	第一金剛	100	20	71	9	0.220
2004		6	La Newベアーズ	100	40	56	4	0.417
2005		6	La Newベアーズ	100	42	55	3	0.433
2006	★	1	La Newベアーズ	100	62	34	4	0.646
2007		2	La Newベアーズ	100	58	42	0	0.580
2008		2	La Newベアーズ	100	61	35	4	0.635
2009		2	La Newベアーズ	120	61	58	1	0.513
2010		3	La newベアーズ	120	55	62	3	0.470
2011		1	Lamigoモンキーズ	120	66	52	2	0.559
2012	★	2	Lamigoモンキーズ	120	66	52	2	0.559
2013		3	Lamigoモンキーズ	120	58	60	2	0.492
2014	★	1	Lamigoモンキーズ	120	66	51	3	0.564
2015	★	1	Lamigoモンキーズ	120	68	52	0	0.567
2016		4	Lamigoモンキーズ	120	53	64	3	0.453
2017	★	1	Lamigoモンキーズ	120	78	41	1	0.655
2018	★	1	Lamigoモンキーズ	120	73	47	0	0.608
2019	★	1	Lamigoモンキーズ	120	63	55	2	0.534
2020		2	楽天モンキーズ	120	59	61	0	0.492
通算				2040	1049	948	43	0.525

球団小史■1997年から2002年まで存在したプロリーグ「台湾大聯盟（TML）」加盟球団の流れをくみ、現存する唯一の球団。CPBL初年度の2003年は第一金剛だったが、La Newに譲渡され翌年からLa Newベアーズに。2006年に初優勝すると、2011年、本拠地を澄清湖から桃園へ移転しLamigoモンキーズに改称。ファンサービスに改革をもたらし、人気、実力共にリーグを牽引したが、2019年の前期優勝直後、経営難から身売りを発表。日本の楽天が買収し、2020年から楽天モンキーズとなった。

ここから飛び立つ球界の新文化

桃園國際棒球場

とうえんこくさいきゅうじょう
タオユエングォジー バンチョウチャン

住所：桃園市中壢區領航北路一段1號
TEL：03-425-0927
収容人員：20,000人
天然芝
中堅：122m（400ft）：両翼　101m（330ft）

メトロ開通でアクセス◎

台北の西、約30kmに位置する桃園市は、国際空港があることで知られる人口約227万人の都市。台湾有数の工業地帯であり、発展が続く台北のベッドタウンだ。球場は市中心部からは西に約11kmと離れているが、高速鉄道の桃園駅からは約2kmと近く、2017年には桃園空港メトロ(MRT)が開通、球場横に桃園體育園區駅が開設され、台北からのアクセスが格段に向上した。球場外観は壁面を千本格子風に木材が覆う、おしゃれで独創的な作りとなっている。ちなみに、楽天モンキーズの前身、Lamigoモンキーズが、高雄から桃園に本拠地を移転した際、「モンキーズ」に改めたのは、桃園の「園」と「猿」の読みが一緒だからだ。

ショップはおしゃれな店構え

一部を除き座席が水色に統一され、爽やかな印象があるこの球場は、洋服屋さんを思わせるようなグッズショップに、デパ地下のようなフードコートと、飲食、グッズともに常設の店舗が充実している。広い授乳室や子供が遊べるキッズルーム、バックネット裏の飛行機型ゴンドラなども他球場では見られない独自のもの。2020年に新設されたフィールドシート「Rockシート」は迫力満点だ。

桃園國際棒球場　周辺地図

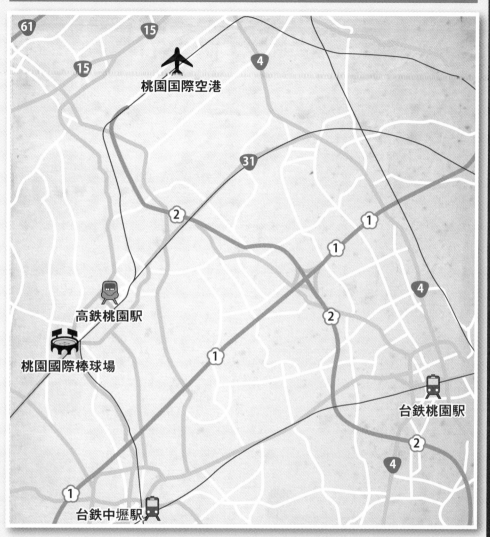

桃園国際空港

高鉄桃園駅

桃園國際棒球場

台鉄桃園駅

台鉄中壢駅

アクセス

要チェック!!

　台湾桃園国際空港から近く、台湾を縦断する高速鉄道の駅も近隣にある。さらに、2017年には、桃園空港メトロ（MRT）が開通し、台北駅からのアクセスも向上、国内外どこからも訪れやすい球場になりました。

台北駅から球場へ

・高速鉄道（高鉄）、高鉄桃園駅で下車（約19分）、桃園空港メトロ（MRT）に乗り換え、環北行きに乗り、桃園體育園區駅下車（約2分）。

・桃園空港メトロ（MRT）、環北行きで、桃園體育園區駅下車（1時間12分）。

嘉義縣立棒球場

かぎけんりつきゅうじょう
ジャーイーシェンリー　バンチョウチャン

住所：嘉義縣太保市祥和二路東段2號
TEL：05-370-8100
収容人員：9,000人
天然芝、内野赤土
中堅：122m（400ft）　両翼：98m（322ft）

高鉄駅に近く二軍戦観戦に便利

台北の南西、約200kmにある嘉義市をドーナツのように取り囲む嘉義県は自然豊かな農業県だ。嘉義市内にある嘉義市立體育棒球場に対し、こちらは嘉義県太保市にあり、同じ太保市の高速鉄道嘉義駅からも近い。1996年に建設された比較的新しい球場で、1996年と2005年には台湾シリーズも開催された。しかし、その後は使用頻度が激減、一時は整備も行き届いていなかったが、約3年にわたるリニューアル工事を経て、2019年からLamigo（現・楽天）モンキーズの春季キャンプ地となった。以降、二軍の公式戦も行われている。

アクセス

台北から高鉄嘉義駅へ
・高速鉄道（高鉄）で高鉄嘉義駅まで約1時間30分。

高鉄嘉義駅から球場へ
高鉄嘉義駅からBRTバス（朴子轉運站方面行き）で縣政府站バス停下車、約10分。縣政府站バス停から徒歩10分（約1.0km）

66 曾豪駒　そう・ごうく　ツェン・ハオジュ　TSENG HAO CHU

監督　42歳　18年目　右右　1979.11.27　182cm86kg

①台北体院-La New(04-10)-Lamigo(11-13)-Lamigoコーチ(14-19)-楽天監督(20)

56 林振賢　りん・しんけん　リン・ジェンシェン　LIN CHEN HSIEN

ヘッドコーチ　60歳　28年目　右右　1960.9.2　181cm77kg

①美和中学-輔仁大学-三商(90-95)-TML・高屏雷公(97)-TML・高屏雷公コーチ(98-00)-La Newコーチ(04-10)-Lamigoコーチ(11-19)-楽天コーチ(20)

70 許銘傑　きょ・めいけつ　シュ・ミンジェ　HSU MING CHIEH

●投手コーチ　45歳　7年目　右右　1976.12.1　182cm95kg

①中正高工-TML・台中金剛(98-99)-西武-オリックス-Lamigo(14-15)-中信兄弟(16)-中信兄弟コーチ(17)-西武コーチ-楽天コーチ(21)④アジア大会(98)⑤ミンチェ

43 林英傑　りん・えいけつ　リン・インジェ　LIN YING CHIEH

ブルペンコーチ　40歳　16年目　左左　1981.5.1　182cm89kg

①高苑工商-TML・高屏雷公(99-01)-誠泰(04-05)-東北楽天-興農(09-12)-義大(13-14)-中信兄弟(15-16)-興農(17)-楽天コーチ(20)②防(04)、三(04,05)、ベ(04)④アテネ五輪(04)、WBC(06)、アジア大会(10)⑤インチェ

44 鮑伊　チャールズ・ポー　バオイ(アメリカ合衆国)　CHARLES POE

●打撃コーチ　50歳　1年目　右右　1971.11.9　183cm83kg

①ウェストコビーナ高-ホワイトソックス-アスレチックス-パドレス-メキシカンL-米独立L-メキシカンL-米独立L-楽天コーチ(21)

90 林政億　りん・せいおく　リン・ジェンイ　LIN CHENG YI

打撃コーチ補佐　35歳　10年目　右右　1986.12.5　181cm95kg

①高苑工商-輔仁大学-Lamigo(11-18)-楽天コーチ(20)

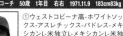
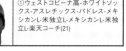

91 陳雁風　ちん・がんふう　チェン・イェンフォン　CHEN YEN FENG

内野守備コーチ　35歳　12年目　右右　1986.8.22　179cm81kg

①嘉義高工-台北体院-La New(10)-Lamigo(11-17)-Lamigoコーチ(18-19)-楽天コーチ(20)

72 劉家豪　りゅう・かごう　リョウ・ジャーハオ　LIU CHIA HAO

バッテリーコーチ　37歳　16年目　右右　1984.5.28　172cm79kg

①桃園農工-La New(06-10)-Lamigo(11-14)-Lamigoコーチ(15-19)-楽天コーチ(20)

59 劉品辰　りゅう・ひんしん　リョウ・ピンチェン　LIU PIN CHEN

トレーニングコーチ　40歳　9年目　右右　1981.6.18　165cm64kg

①高雄応用科技大学-Lamigoコーチ(13-19)-楽天コーチ(20)

42 洪全億　こう・ぜんおく　ホン・チュエンイ　HONG CHUAN YI

トレーニングコーチ補佐　39歳　7年目　1982.11.1　168cm70kg

①国立体大-Lamigoコーチ(15-19)-楽天コーチ(20)

75 劉榮華　りゅう・えいか　リョウ・ロンホァ　LIU JUNG HUA

二軍監督　55歳　25年目　右右　1966.10.10　175cm72kg

①高英工商-省立体専-俀国(93-95)-興農コーチ(96-06)-興農コーチ(08-09)-興農監督(11-12)-義大コーチ(15-16)-富邦コーチ(17-19)-楽天コーチ(20)

78 林敬民　りん・けいみん　リン・ジンミン　LIN CHING MIN

二軍投手コーチ　41歳　11年目　右右　1980.10.30　185cm80kg

①屏東高中-輔仁大学-誠泰(07)-米迪亞(08)-La New(10)-Lamigo(11-13)-Lamigo(17-19)-楽天コーチ(20)

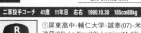

83 曾翊誠　そう・よくせい　ツェン・イーチェン　TSENG YI CHENG

二軍投手コーチ　43歳　21年目　右右　1978.8.12　180cm80kg

①中華中学-台北体院-統一(00-10)-統一(12)-Lamigoコーチ(13-19)-楽天コーチ(20)②中(05)

95 蔡建偉　さい・けんい　ツァイ・ジェンウェイ　TSAI CHIEN WEI

二軍打撃コーチ　41歳　18年目　左左　1980.3.29　179cm91kg

①台北体専-台北体院-La New(04-10)-Lamigo(11-15)-Lamigoコーチ(16-19)-楽天コーチ(20)②ゴ(06)

63 蔡昱詳　さい・いくしょう　ツァイ・ユーシャン　TSAI YU HSIANG

二軍守備コーチ　52歳　25年目　左左　1969.9.7　183cm90kg

①美和中学-中国文化大学-TML・台北太陽(97-02)-第一金剛(03)-La New(04-05)-La Newコーチ(06-10)-Lamigoコーチ(11-19)-楽天コーチ(20)

50 許躍騰　きょ・やくとう　シュ・ユエテン　HSU YUEH TENG

二軍バッテリーコーチ　33歳　10年目　右右　1988.6.21　178cm85kg

①嘉義高工-国立体大-Lamigo(12-16)-Lamigoコーチ(17-19)-楽天コーチ(20)

53 杜正文　と・せいぶん　ドゥ・ジェンウェン　TU CHENG WEN

二軍トレーニングコーチ　43歳　12年目　1978.8.31　173cm92kg

①大仁科技大学-La Newコーチ(10)-Lamigoコーチ(11-19)-楽天コーチ(20)

楽天モンキーズ　レティエン タオユエン

凡例　漢字名　日本語読み　現地読み(国籍)　英語　役職　年齢　年数(CPBL)　投打　生年月日　身長体重
①経歴②タイトル歴④代表歴⑤NPBでの登録名　記号:●…新入団(新任)、▲…移籍、■…復帰

0 陳禹勳

ちん・うくん
チェン・ユーシュン
CHEN YU HSUN

投手 32歳 8年目
右右 1989.5.20 182cm83kg

①強恕中學-台北體院-Lamigo(14-19)-楽天(20)②救(17,18)、中(14)③17年にリーグ記録の37セーブを挙げた守護神だが、過去2年は投球が安定せず中継ぎと抑えを行き来した。決め球フォークの切れ味が蘇れば、また9回に返り咲ける。ネットのファンとも盛んに交流しておりあだ名は「郷長」。④プレミア12(15,19)、APBC(17)

年度	チーム	防御率	試合	勝利	敗戦	セーブ	投球回	安打	四球	三振
2014	Lamigo	3.65	65	8	9	1	69	68	25	59
2015	Lamigo	4.91	45	2	7	4	40 1/3	49	17	34
2016	Lamigo	3.41	65	4	4	11	66	65	29	70
2017	Lamigo	2.63	59	2	4	37	61 2/3	44	29	70
2018	Lamigo	3.16	51	3	6	30	51 1/3	59	19	56
2019	Lamigo	4.46	43	0	1	9	42 1/3	39	15	45
2020	楽天	5.37	62	6	5	12	55 1/3	63	26	61
通算		3.85	390	25	36	104	386	387	160	394

32 王溢正

おう・いつせい
ワン・イージェン
WANG I CHENG

投手 36歳 9年目
左左 1985.10.9 190cm84kg

①屏東高中-中国文化大学-横浜-DeNA-Lamigo(13-19)-楽天(20)②昨季もテンポ良く低めに集める安定感抜群の投球でローテーションを守り、自身3度目の二桁勝利。台湾シリーズでは5戦5勝と大舞台にも強く台湾を代表する投手の1人だ。今季は、自身初となる開幕投手の大役を務める。④WBC(13)⑤王溢正

年度	チーム	防御率	試合	勝利	敗戦	セーブ	投球回	安打	四球	三振
2014	Lamigo	3.64	19	7	2	0	108 2/3	112	36	69
2015	Lamigo	6.13	23	11	6	0	123 1/3	164	53	89
2016	Lamigo	6.85	26	7	7	0	134	196	55	107
2017	Lamigo	4.60	22	9	8	0	125 1/3	131	58	116
2018	Lamigo	4.25	22	7	8	0	139 2/3	152	30	103
2019	Lamigo	4.54	25	10	6	0	138 2/3	171	33	113
2020	楽天	5.42	21	10	6	0	116 1/3	146	38	82
通算		4.97	166	67	43	0	934 2/3	1117	323	719

00 蘇俊璋

そ・しゅんしょう
ス・ジュンジャン
SU CHUN CHANG

投手 23歳 3年目 右右 1998.9.2 180cm92kg

①南英商工-中国文化大学-Lamigo(19)-楽天(20)③落差の大きいフォークを武器に、14ホールドを挙げた強心臓リリーバー。三振が多く、四球が少ない理想的な投球を見せる。

年度	防御率	試合	勝利	敗戦	セーブ	投球回	三振
2020	4.62	60	2	3	0	50.2	66
通算	5.59	68	3	5	0	58	75

4 黃偉晟

こう・いせい
ホアン・ウェイチェン
HUANG WEI CHENG

投手 31歳 9年目 右右 1990.3.6 180cm95kg

①南英商工-ブレーブス-義大(13)-Lamigo(14-19)-楽天(20)③7年連続20試合登板。バットの芯を外してゴロを打たせる投球が武器だが、昨季は初めてゴロアウトがフライアウトを下回った。

年度	防御率	試合	勝利	敗戦	セーブ	投球回	三振
2020	7.66	21	1	0	0	22.1	14
通算	5.40	240	6	6	2	221.2	112

13 歐飛登

ディロン・オーバートン
オウフェイデン(アメリカ合衆国)
DILLON OVERTON

投手 30歳 1年目 左左 1991.8.17 188cm79kg

①オクラホマ大-アスレチックス-マリナーズ-パドレス-ダイヤモンドバックス-楽天(21)③内外角両コーナーギリギリにカーブを投げ込めるコントロールが売りのサウスポー。シーズン序盤はリリーフで起用される。

年度	防御率	試合	勝利	敗戦	セーブ	投球回	三振
2020	-	-	-	-	-	-	-
通算	-	-	-	-	-	-	-

14 蘇俊羽

そ・しゅんう
ス・ジュンユ
SU CHUN YU

投手 25歳 7年目 右右 1996.10.30 178cm65kg

①平鎮高中-Lamigo(15-19)-楽天(20)③18年9月に台湾人投手2年ぶりとなる完封勝利を挙げるも、以降伸び悩みが続き昨季は一軍登板0。背水の陣で臨む。

年度	防御率	試合	勝利	敗戦	セーブ	投球回	三振
2020	-	-	-	-	-	-	-
通算	6.31	20	3	6	0	82.2	60

15 劉昱言

りゅう・いくげん
リョウ・ユーイェン
LIU YU YEN

投手 27歳 6年目 左左 1994.7.27 180cm81kg

①新社高中-開南大学-Lamigo(16-19)-楽天(20)③球の出所が見えづらいフォームが特徴の左腕リリーフ。生命線である速球のキレが戻るかが、一軍での出番を左右する。

年度	防御率	試合	勝利	敗戦	セーブ	投球回	三振
2020	4.50	3	0	0	0	4	2
通算	6.35	7	0	1	0	11.1	11

16 張喜凱

ちょう・きがい
ジャン・シーカイ
TEOH XI KAI

投手 23歳 3年目 右右 1998.10.29 180cm70kg

①桃園農工-中国文化大学-Lamigo(19)-楽天(20)③開幕ローテ入りが目される下手投げ右腕。昨季は二軍で最優秀防御率のタイトルを獲得し、10月には一軍でも5回無失点と好投した。

年度	防御率	試合	勝利	敗戦	セーブ	投球回	三振
2020	6.35	3	0	2	0	11.1	5
通算	6.35	3	0	2	0	11.1	5

48 賴鴻誠

らい・こうせい
ライ・ホンチェン
LAI HUNG CHENG

▲ 投手　33歳　10年目　1988.4.26　180cm75kg　左左

①平鎮高中-国立体大-興農(12)-義大(13-16)-富邦(17-20)-楽天(21)②中(16)③投手では初となるFA権を行使しての移籍で楽天入り。5年連続4U豊板のタフネス左腕は、左投手不足のチームにとって絶好の補強となった。独特のフォームから繰り出す速球とスライダーを武器に、火消し役を担う。

年度	チーム	防御率	試合	勝利	敗戦	セーブ	投球回	安打	四球	三振
2014	義大	4.77	27	2	3	0	54 2/3	62	15	21
2015	義大	4.46	27	3	1	0	38 1/3	49	13	16
2016	義大	4.22	62	4	4	0	59 2/3	58	30	39
2017	富邦	8.44	48	2	2	0	37 1/3	59	15	24
2018	富邦	3.54	63	2	4	0	56	41	15	40
2019	富邦	7.09	43	0	1	0	33	15	10	20
2020	富邦	4.82	42	0	0	0	37 1/3	40	14	35
通算		5.25	366	20	30	3	476 1/3	580	198	272

69 黄子鵬

こう・しほう
ホァン・ズーボン
HUANG TZU PENG

投手　27歳　5年目　1994.3.19　183cm80kg　右左

①南英商工-中国文化大学-Lamigo(17-19)-楽天(20)②中(19)③3年連続で50試合以上に登板している下手投げのセットアッパーは、今季から先発転向。回跨ぎも多く、二軍では18年に最多勝を獲得とスタミナは十分だ。スライダーとシンカーを低めに集める投球で打者を料理する。④プレミア12(19)

年度	チーム	防御率	試合	勝利	敗戦	セーブ	投球回	安打	四球	三振
2014	-	-	-	-	-	-	-	-	-	-
2015	-	-	-	-	-	-	-	-	-	-
2016	-	-	-	-	-	-	-	-	-	-
2017	-	-	-	-	-	-	-	-	-	-
2018	Lamigo	2.48	52	5	3	0	54 1/3	39	12	45
2019	Lamigo	3.25	60	4	5	3	63 2/3	70	13	53
2020	楽天	3.12	59	3	1	1	66 1/3	67	22	57
通算		2.98	171	12	9	4	184 1/3	176	47	155

17 游朝惟

ゆう・ちょうい
ヨウ・チャオウェイ
YU CHAO WEI

投手　28歳　6年目　右右　1993.4.16　174cm72kg

①高苑工商-台湾体大-Lamigo(16-19)-楽天(20)③自主培訓(育成選手に相当)での入団から着実に成長し、一軍定着まであと少しのところへきている。苦手の左打者を克服したい。

年度	防御率	試合	勝利	敗戦	セーブ	投球回	三振
2020	12.41	9	0	0	0	12.1	12
通算	9.95	15	0	0	0	19	17

18 江國謙

こう・こくけん
ジャン・グォチェン
CHIANG KUO CHIEN

投手　22歳　4年目　右右　1999.10.1　180cm88kg

①平鎮高中-Lamigo(18-19)-楽天(20)③20年2月にロッテとの交流試合で好投し、期待されたが一軍では防御率15.53。実戦力は評価が高いが、球威の向上が課題だ。

年度	防御率	試合	勝利	敗戦	セーブ	投球回	三振
2020	15.53	11	0	0	0	13.1	6
通算	11.52	18	0	0	0	25	12

19 賴智垣

らい・ちえん
ライ・ジーユエン
LAI CHIH YUAN

投手　24歳　4年目　右右　1997.2.28　178cm86kg

①西苑中学-台湾体大-Lamigo(18-19)-楽天(20)③終盤に一軍昇格も、2試合で計9失点とアピールができなかった。89から19と、背番号が軽くなった今季は飛躍に期待。

年度	防御率	試合	勝利	敗戦	セーブ	投球回	三振
2020	30.38	2	0	1	0	2.2	1
通算	9.93	23	2	2	0	22.2	13

20 翁瑋均

おう・いきん
ウォン・ウェイジュン
WENG WEI CHUN

投手　23歳　4年目　右左　1998.11.29　188cm85kg

①普門中学-南華大学-Lamigo(18-19)-楽天(20)③150キロ近い速球と多彩な変化球を武器に、9勝を挙げた18年のドラ1右腕。ホームで好投も、ビジターでは防御率10.92と苦戦。

年度	防御率	試合	勝利	敗戦	セーブ	投球回	三振
2020	7.02	21	9	7	0	109	58
通算	6.67	37	12	13	0	179.1	98

22 朱俊祥

しゅ・しゅんしょう
ジュ・ジュンシャン
CHU CHUN HSIANG

投手　26歳　9年目　右左　1995.4.15　175cm70kg

①台中高農-Lamigo(13-19)-楽天(20)③プロ入り以来故障続きだが、腕の振りの速さは球界有数。9月以降は16登板で奪三振率14.56と圧倒的な投球で本格開花の兆し。④APBC(17)

年度	防御率	試合	勝利	敗戦	セーブ	投球回	三振
2020	3.72	29	2	1	0	29	40
通算	4.62	135	12	5	1	134.1	152

23 曾琦

そう・き
ツェン・チー
TSENG CHI

投手　24歳　3年目　右右　1997.1.23　188cm88kg

①秀峰高中-国立体大-Lamigo(19)-楽天(20)③かつては日本の球団も注目した大器だが、18年の肘の故障以降調子が戻りきっていない。154キロの速球が蘇れば大きな戦力だ。

年度	防御率	試合	勝利	敗戦	セーブ	投球回	三振
2020	-	-	-	-	-	-	-
通算	-	-	-	-	-	-	-

背番号　漢字名　日本語読み　現地読み(国籍)　英語　ポジション　年齢　年数(CPBL)　投打　生年月日　身長体重
①経歴②タイトル歴③寸評④代表歴⑤NPBでの登録名　記号:●…新入団(新任)、▲…移籍、■…復帰

29 陳俊秀
ちん・しゅんしゅう
チェン・ジュンショウ
CHEN CHUN HSIU

内野手　33歳　8年目　右右　1988.11.1　183cm97kg

①花蓮体中-国立体大-インディアンス-Lamigo(14-19)-楽天(20)②M(18)、首(18)、べ(18,19)、ゴ(19)③重心を低くしたフォームからパワフルな打球を放つ右打者は昨季キャプテンを務めたが、肘の骨棘の影響もあり、レギュラー定着後最低の数字に終わった。万全の体調で迎える今季は左キラーぶり、安定感ある打撃を披露したい。④アジア大会(10,14)、プレミア12(15,19)

年度	チーム	打率	試合	打数	安打	本塁打	打点	盗塁	四球	三振
2014	Lamigo	.247	26	85	21	2	8	1	11	17
2015	Lamigo	.335	113	418	140	25	118	11	47	65
2016	Lamigo	.294	99	361	106	26	100	21	55	57
2017	Lamigo	.321	106	355	114	16	78	15	51	78
2018	Lamigo	.375	104	387	145	17	77	5	39	74
2019	Lamigo	.381	103	381	145	22	89	2	46	59
2020	楽天	.311	97	341	106	12	54	3	39	79
通算		.334	648	2328	777	120	524	58	288	429

39 林立
りん・りつ
リン・リー
LIN LI

内野手　25歳　5年目　右右　1996.1.1　181cm75kg

①平鎮高中-国立体大-Lamigo(17-19)-楽天(20)②首(19)、べ(19)③プロ入り後打撃面の成長著しい右打者は、昨季強打の2番として自己最多のHR数をマーク。内角のボールの捌きに長け、また22盗塁と俊足も見せつけた。今季は課題の守備の安定感を高め、よりレベルアップしたい。④APBC(17)、プレミア12(19)

年度	チーム	打率	試合	打数	安打	本塁打	打点	盗塁	四球	三振
2014	-	-	-	-	-	-	-	-	-	-
2015	-	-	-	-	-	-	-	-	-	-
2016	-	-	-	-	-	-	-	-	-	-
2017	Lamigo	.340	13	47	16	2	11	2	6	15
2018	Lamigo	.317	95	306	97	7	38	12	16	82
2019	Lamigo	.389	103	388	151	20	81	9	33	72
2020	楽天	.358	108	416	149	25	86	22	35	107
通算		.357	319	1157	413	54	216	45	90	276

26 葉家淇
よう・かき
イェ・ジャーチー
YEH CHIA CHI

投手　24歳　7年目　左右　1997.5.23　179cm71kg

①平鎮高中-Lamigo(15-19)-楽天(20)③最速157キロの剛球左腕は、怪我に苦しみ不本意なシーズンを送った。一軍復帰へは球速、制球共に安定させたい。

年度	防御率	試合	勝利	敗戦	セーブ	投球回	三振
2020	9.82	4	0	0	0	3.2	5
通算	9.96	39	2	2	0	40.2	47

27 霸林爵
ライアン・ボリンジャー
バーリンジュエ(アメリカ合衆国)
RYAN BOLLINGER

▲ 投手　30歳　3年目　左右　1991.2.4　196cm104kg

①マイノット高-フィリーズ-ホワイトソックス-米独立L-ヤンキース-パドレス-富邦(19-20)-楽天(21)③150キロ近い速球と鋭いスライダーで三振の山を築くドクター。昨季は怪我で一軍登板なしも、18年には富邦で二桁奪三振4度。

年度	防御率	試合	勝利	敗戦	セーブ	投球回	三振
2020	-	-	-	-	-	-	-
通算	4.31	19	6	5	0	108.2	127

31 猛快
デック・マクガイア
モンクイ(アメリカ合衆国)
DECK MCGUIRE

● 投手　32歳　1年目　右右　1989.6.23　198cm100kg

①ジョージア工科大-ブルージェイズ-アスレチックス-ドジャース-カージナルス-レッズ-ブルージェイズ-エンゼルス-韓国・サムソン-レイズ-楽天(21)③19年に韓国でノーヒットノーランを達成。150キロ近い速球とツーシームを投げ込んでいくパワー型のピッチャーだ。

年度	防御率	試合	勝利	敗戦	セーブ	投球回	三振
2020	-	-	-	-	-	-	-
通算	-	-	-	-	-	-	-

34 許峻暘
きょ・しゅんよう
シュ・ジュンヤン
HSU CHUN YANG

● 投手　23歳　2年目　右右　1998.3.23　181cm73kg

①高苑工商-開南大学-楽天(20)③強烈な変化のバルカンチェンジを武器にする郭李建夫(元阪神)監督の元教え子。真上から投げ下ろす速球も球速以上の威力がある。

年度	防御率	試合	勝利	敗戦	セーブ	投球回	三振
2020	-	-	-	-	-	-	-
通算	-	-	-	-	-	-	-

40 陳克羿
ちん・こくげい
チェン・ケーイ
CHEN KE YI

投手　22歳　4年目　右左　1999.10.27　185cm74kg

①南英商工-Lamigo(18-19)-楽天(20)③二軍で24登板も、防御率7.96と苦しんだ。長い腕からのボールの角度や、抜群の身体能力は魅力十分。

年度	防御率	試合	勝利	敗戦	セーブ	投球回	三振
2020	-	-	-	-	-	-	-
通算	-	-	-	-	-	-	-

41 王躍霖
おう・やくりん
ワン・ヤオリン
WANG YAO LIN

投手　30歳　7年目　右右　1991.2.5　184cm94kg

①三信家商-カブス-Lamigo(15-20)-楽天(20)②中(17)③鋭いカーブを決め球に、前半戦ではクローザーも務め10セーブを挙げた。47回を投げ、わずか7四球と制球も素晴らしい。④WBC(13)、アジア大会(14)、APBC(17)、プレミア12(19)

年度	防御率	試合	勝利	敗戦	セーブ	投球回	三振
2020	4.40	45	3	3	10	47	43
通算	4.89	240	11	14	11	252	262

85　朱育賢

しゅ・いくけん
ジュ・ユーシェン
CHU YU HSIEN

内野手　30歳　7年目
左左　1991.11.26　188cm100kg

①大理高中-中国文化大学-Lamigo(15-19)-楽天(20)②M(19)、本(19)③左の強打者は開幕から出場13試合で10HRと絶好調。主に5、6番に座り強力打線を支えた。失投を逃さず振り抜き、ボールをスタンドに運ぶ姿は清々しさすら覚えるほど。今季は昨季縁が無かった打撃タイトルを取り戻せるか。④APBC(17)、プレミア12(19)

年度	チーム	打率	試合	打数	安打	本塁打	打点	盗塁	四球	三振
2014	-	-	-	-	-	-	-	-	-	-
2015	-	-	-	-	-	-	-	-	-	-
2016	Lamigo	.352	91	244	86	15	58	0	44	62
2017	Lamigo	.308	112	364	112	27	83	1	50	89
2018	Lamigo	.319	98	326	104	12	82	1	31	71
2019	Lamigo	.347	118	458	159	30	105	0	38	105
2020	楽天	.353	103	357	126	27	70	0	30	80
通算		.336	522	1749	587	111	398	2	193	407

98　陳晨威

ちん・しんい
チェン・チェンウェイ
CHEN CHEN WEI

外野手　24歳　4年目
右右　1997.12.12　180cm72kg

①美和中学-大同技術学院-Lamigo(18-19)-楽天(20)②新(19)、盗(20)③19年の新人王は昨季シーズン通して1番に座り初の盗塁王を獲得。また2年連続でリーグトップとなる13本の三塁打を放った。選球眼を向上させ、塁に出る機会が増えればリーグ22年ぶりの50盗塁が見えてくる。

年度	チーム	打率	試合	打数	安打	本塁打	打点	盗塁	四球	三振
2014	-	-	-	-	-	-	-	-	-	-
2015	-	-	-	-	-	-	-	-	-	-
2016	-	-	-	-	-	-	-	-	-	-
2017	-	-	-	-	-	-	-	-	-	-
2018	Lamigo	.091	5	11	1	0	0	0	1	3
2019	Lamigo	.300	87	357	107	5	32	22	34	55
2020	楽天	.284	114	472	134	4	52	42	32	52
通算		.288	206	840	242	9	84	64	66	110

49　張明翔

ちょう・めいしょう
ジャン・ミンシャン

投手　25歳　7年目　右右　1996.10.4　183cm85kg

①平鎮高中-Lamigo(15-19)-楽天(20)③右投手ながら左打者に強く、19年には台湾シリーズのメンバー入り。昨年8月に右肘靭帯を断裂し、今季は全休となる見込み。

年度	防御率	試合	勝利	敗戦	セーブ	投球回	三振
2020	9.39	5	-	-	-	7.2	6
通算	5.20	17	-	-	-	27.2	20

54　林子崴

りん・しわい
リン・ズーウェイ

●投手　19歳　2年目　左左　2002.3.22　178cm80kg

①穀保家商-楽天(20)②完成度の高さが魅力の二刀流ルーキー。年齢離れした制球力とブレーキの効いたチェンジアップで、小気味良く打者を料理する。

年度	防御率	試合	勝利	敗戦	セーブ	投球回	三振
2020	-	-	-	-	-	-	-
通算	-	-	-	-	-	-	-

55　李承禎

り・しょうてい
リ・チェンジェン
LI CHENG CHEN

投手　21歳　3年目　右右　2000.9.14　185cm85kg

①平鎮高中-Lamigo(19)-楽天(20)③イニングイーターとして期待の高卒3年目右腕。一軍昇格には決め球のバルカンチェンジを磨き、奪三振率を高めたい。

年度	防御率	試合	勝利	敗戦	セーブ	投球回	三振
2020	-	-	-	-	-	-	-
通算	-	-	-	-	-	-	-

60　洪聖欽

こう・せいきん
ホン・シェンチン
HUNG SHENG CHIN

投手　31歳　8年目　右右　1990.11.15　183cm85kg

①西苑中学-パイレーツ-Lamigo(14-19)-楽天(20)③ロングリリーフで活躍したタフネス右腕。防御率9.11と打ち込まれ出番が大幅減。27.2回で13被本塁打の一発病を改善したい。

年度	防御率	試合	勝利	敗戦	セーブ	投球回	三振
2020	9.11	15	0	2	0	27.2	10
通算	6.34	158	14	17	0	218.2	128

61　豪勁

ブレイディン・ヘーゲンズ
ハオジン(アメリカ合衆国)
BRADIN HAGENS

●投手　32歳　1年目　右右　1989.5.12　190cm96kg

①マーセド大-ダイヤモンドバックス-レイズ-広島-ダイヤモンドバックス-米独立L-ダイヤモンドバックス-米独立L-楽天(21)③16年は7勝、19ホールドを挙げ広島のリーグ優勝に貢献。過去4年はリリーフがメインで、先発への適応に課題が残る。⑤ブレイディン・ヘーゲンズ

年度	防御率	試合	勝利	敗戦	セーブ	投球回	三振
2020	-	-	-	-	-	-	-
通算	-	-	-	-	-	-	-

64　王志煊

おう・しけん
ワン・ジーシュエン
WANG CHIH HSUAN

●投手　20歳　2年目　左左　2001.9.5　175cm72kg

①成徳高中-楽天(20)③制球に長けた技巧派左腕は、新人ながら開幕一軍入り。高校時代バッテリーを組んでいた邱家慶とはプロでもチームメイトに。

年度	防御率	試合	勝利	敗戦	セーブ	投球回	三振
2020	-	-	-	-	-	-	-
通算	-	-	-	-	-	-	-

68 萬昭清
まん・しょうせい
ワン・ジャオチン
WAN CHAO CHING

投手　22歳　5年目　右右　1999.1.18　178cm68kg

①榖保家商-Lamigo(17-19)-楽天(20)③140キロ前半の速球と、大きなスローカーブの球速差で打者を惑わす投球が光る。今季はロングリリーフで一軍定着を目指す。

年度	防御率	試合	勝利	敗戦	セーブ	投球回	三振
2020	9.39	4	0	0	0	7.2	11
通算	9.39	4	0	0	0	7.2	11

77 莊昕諺
そう・きんげん
ジュアン・シンイェン
CHUANG HSIN YEN

投手　21歳　3年目　右右　2000.10.19　181cm91kg

①南英商工-Lamigo(19)-楽天(20)③二軍での成績は振るわずも、スライダーやまとまりのある投球は高く評価されている。シーズン終盤には、一軍の先発マウンドも経験した。

年度	防御率	試合	勝利	敗戦	セーブ	投球回	三振
2020	22.50	1	0	1	0	2	1
通算	22.50	1	0	1	0	2	1

96 何逸龍
か・いつりゅう
ヘ・イーロン
HO YI LUNG

● 投手　21歳　2年目　右右　2000.9.17　179cm77kg

①平鎮高中-台北市立大学-楽天(20)③大学で投手に再転向し、1年目でプロ入りを果たした。朱育賢、黄子鵬を輩出したモンキーズの7位指名として注目度大だ。

年度	防御率	試合	勝利	敗戦	セーブ	投球回	三振
2020	-	-	-	-	-	-	-
通算	-	-	-	-	-	-	-

28 張閔勛
ちょう・びんくん
ジャン・ミンシュン
CHANG MIN HSUN

捕手　27歳　6年目　右右　1994.8.8　177cm80kg

①高苑工商-中国文化大学-Lamigo(16-19)-楽天(20)③捕手として入団した16年のドラ1は外野コンバートを経て、昨季捕手に再転向。まずは二番手捕手争いに参戦だ。

年度	打率	試合	安打	本塁打	打点	盗塁	三振
2020	.154	6	2	0	0	0	3
通算	.209	48	23	0	10	0	25

58 廖健富
りょう・けんふ
リャオ・ジェンフー
LIAO CHIEN FU

捕手　23歳　5年目　右左　1998.9.28　178cm88kg

①高苑工商-Lamigo(17-19)-楽天(20)②ベ(20)③高い打撃センスを見せる若手捕手は、これまでDH起用が中心も昨季65試合でマスクを被った。守備が安定すれば正捕手も近い。

年度	打率	試合	安打	本塁打	打点	盗塁	三振
2020	.337	98	103	14	50	1	32
通算	.340	287	303	26	168	2	108

76 吳丞哲
ご・じょうてつ
ウー・チェンジェ
WU CHENG CHE

投手　26歳　5年目　右右　1995.4.9　179cm93kg

①西苑中学-輔仁大学-Lamigo(17-19)-楽天(20)③18年にリーグ最多の66試合に登板した右腕も、昨季はわずか3登板。ツーシームを武器にゴロの山を築く投球を再現したい。

年度	防御率	試合	勝利	敗戦	セーブ	投球回	三振
2020	11.57	3	0	0	0	2.1	1
通算	6.04	111	6	6	5	107.1	78

92 范柏絜
はん・はくけつ
ファン・ボージェ
FAN PO CHIEH

投手　21歳　4年目　右右　2000.8.13　183cm73kg

①高苑工商-Lamigo(18-19)-楽天(20)③陳禹勳に憧れる高卒4年目右腕は、ピンチでの対応能力を高く評価されている。細身の体格を強化し、一軍初登板を目指す。

年度	防御率	試合	勝利	敗戦	セーブ	投球回	三振
2020	-	-	-	-	-	-	-
通算	-	-	-	-	-	-	-

11 林泓育
りん・おういく
リン・ホンユ
LIN HUNG YU

捕手　35歳　12年目　右右　1986.3.21　181cm103kg

①南英商工-中国文化大学-La New(10)-Lamigo(11-19)-楽天(20)②M(11)、本(11,16)、点(11,16)、ベ(11,13,14,15,16,17,19)、ゴ(16)③強打のベテラン捕手は主に4番に座るも本塁打数が19年から半減。再びチームが優勝を狙うには打棒の復活が必要不可欠だ。④WBC(13)、プレミア12(15,19)

年度	打率	試合	安打	本塁打	打点	盗塁	三振
2020	.312	105	124	13	70	1	81
通算	.335	1128	1403	174	856	10	697

47 許禹壕
きょ・うごう
シュ・ユーハオ
HSU YU HAO

捕手　27歳　8年目　右右　1994.11.29　178cm79kg

①美和中学-Lamigo(14-19)-楽天(20)③打撃が課題も、二軍では高い盗塁阻止能力を見せる捕手。劉時豪の味全移籍をチャンスとし、一軍の控え捕手の座を勝ち取りたい。

年度	打率	試合	安打	本塁打	打点	盗塁	三振
2020	-	-	-	-	-	-	-
通算	.231	14	6	1	5	0	13

62 嚴宏鈞
げん・こうきん
イェン・ホンジュン
YEN HUNG CHUN

捕手　24歳　7年目　右右　1997.4.30　165cm70kg

①美和中学-Lamigo(15-19)-楽天(20)③強肩とフレーミングの巧さが光る小柄な控え捕手。今季も与えられた場面で守備からチームに安心感を与えていく。④APBC(17)

年度	打率	試合	安打	本塁打	打点	盗塁	三振
2020	.269	30	14	0	5	0	10
通算	.286	101	57	0	21	0	46

74 邱家慶
きゅう・かけい
チョウ・ジャーチン
CHIU CHIA CHING

●捕手　20歳　2年目　右右　2001.10.10　176cm84kg

①成徳高中-楽天(20)③インサイドワーク、球場全体を見られる視野の広さが特長の高卒捕手は、まずはじっくりと二軍で経験を積みたい。

年度	打率	試合	安打	本塁打	打点	盗塁	三振
2020	-	-	-	-	-	-	-
通算	-	-	-	-	-	-	-

3 董子浩
どう・しこう
ドン・ズーハオ
TUNG TZU HAO

●内野手　25歳　8年目　右左　1996.8.11　183cm88kg

①西苑中学-Lamigo(14-19)-楽天(20)③昨季は二軍で一塁手としてプレーし打率.318、自己最多の6HR。打棒を武器に今季は4年ぶりの一軍昇格、初安打なるか。

年度	打率	試合	安打	本塁打	打点	盗塁	三振
2020	-	-	-	-	-	-	-
通算	.000	2	0	0	0	0	1

5 梁家榮
りょう・かえい
リャン・ジャーロン
LIANG CHIA JUNG

●内野手　26歳　9年目　右右　1995.3.25　180cm90kg

①高苑工商-Lamigo(13-19)-楽天(20)③長年期待された若手野手は昨季打撃開眼。7月には自身初の1試合2HR、3番で起用された。一塁、三塁の控えとして心強い存在だ。

年度	打率	試合	安打	本塁打	打点	盗塁	三振
2020	.339	55	58	5	29	1	31
通算	.275	316	229	14	111	1	160

6 林承飛
りん・しょうひ
リン・チェンフェイ
LIN CHENG FEI

●内野手　24歳　7年目　右右　1997.4.8　178cm78kg

①平鎮高中-Lamigo(15-19)-楽天(20)②ベ(16,19)③広い守備範囲とパンチ力を併せ持つ遊撃手はチームに不可欠。故障と好不調の波を減らし、5年ぶりの規定打席到達なるか。④APBC(17)、アジア大会(18)

年度	打率	試合	安打	本塁打	打点	盗塁	三振
2020	.296	77	76	8	39	1	66
通算	.290	415	404	43	218	16	352

7 郭永維
かく・えいい
グォ・ヨンウェイ
KUO YUNG WEI

●内野手　33歳　11年目　右右　1988.4.13　175cm75kg

①華興中学-嘉南薬理科技大学-Lamigo(11-19)-楽天(20)③ここ2年は出場機会が減少しているが、二軍では打率.336。一軍内野陣において経験と安定感で存在感を示したい。

年度	打率	試合	安打	本塁打	打点	盗塁	三振
2020	.190	21	4	0	3	0	6
通算	.274	507	368	4	128	29	198

21 郭嚴文
かく・げんぶん
グォ・イェンウェン
KUO YEN WEN

●内野手　33歳　11年目　右右　1988.10.25　179cm86kg

①南英商工-国立体大-レッズ-Lamigo(11-19)-楽天(20)②ベ(11,14,17,19)、ゴ(17,18)③レギュラー二塁手は打撃では好不調の波が激しく、守備でもらしいミスが目立った。今季は安定感あるプレーを見せられるか。④北京五輪(08)、WBC(09,13)、アジア大会(10,14)、プレミア12(15,19)

年度	打率	試合	安打	本塁打	打点	盗塁	三振
2020	.268	101	94	10	54	2	74
通算	.304	956	1062	88	564	32	506

25 楊岱均
よう・たいきん
ヤン・ダイジュン
YANG TAI CHUN

●内野手　28歳　6年目　右右　1993.9.19　173cm96kg

①穀保家商-国立体大-Lamigo(16-19)-楽天(20)③19年5月に脳腫瘍が発覚し長期離脱。長いリハビリを経て復帰の今季は持ち前の打撃を取り戻し、3年ぶりの一軍を目指す。

年度	打率	試合	安打	本塁打	打点	盗塁	三振
2020	-	-	-	-	-	-	-
通算	.314	61	38	0	21	0	14

45 馮健庭
ひょう・けんてい
フォン・ジェンティン
FENG CHIEN TING

●内野手　29歳　6年目　右右　1992.1.5　180cm85kg

①南英商工-国立体大-Lamigo(16-19)-楽天(20)③二軍で打率.440と打ちまくり、一軍でも自己最多の18試合に出場。一軍でも落ち着きあるプレーが出来るかがカギを握る。

年度	打率	試合	安打	本塁打	打点	盗塁	三振
2020	.227	18	5	0	3	0	3
通算	.182	41	10	0	4	0	9

79 林智平
りん・ちへい
リン・ジーピン
LIN CHIH PING

●内野手　36歳　13年目　右右　1985.3.23　178cm77kg

①穀保家商-中国文化大学-La New(09-10)-Lamigo(11-19)-楽天(20)②盗(14,15,16)、ベ(13,14,15)、ゴ(13,16)③昨季は規定打席未満ながら8月上旬まで打率4割をキープ、遊撃を守ることもあった。ベテラン三塁手は巧打と走力で貢献する。

年度	打率	試合	安打	本塁打	打点	盗塁	三振
2020	.325	82	82	1	40	12	50
通算	.288	1010	931	15	358	158	481

94 馬傑森
ま・けつしん
マ・ジェセン
MA CHIEH SEN

●内野手　19歳　2年目　右右　2002.5.15　180cm80kg

①普門中学-楽天(20)③ダイナミックな遊撃守備とパワフルな打撃が魅力の昨年のドラ1は、シーズン最終盤に一軍昇格。今季は一軍定着を狙う。

年度	打率	試合	安打	本塁打	打点	盗塁	三振
2020	.231	3	3	0	1	0	0
通算	.231	3	3	0	1	0	0

99 林澤彬
りん・たくひん
リン・ゼビン
LIN TSE PIN

内野手　23歳　3年目　右左　1998.12.23　177cm80kg

①鶯歌工商-台湾体大-Lamigo(19)-楽天(20)③昨季は開幕後故障で約3ヶ月の離脱も、シーズン終盤に初の一軍昇格を果たし2試合で6安打。今季は二塁手争いに加わる。

年度	打率	試合	安打	本塁打	打点	盗塁	三振
2020	.545	3	6	0	3	1	2
通算	.545	3	6	0	3	1	2

1 陽耀勲
よう・ようくん
ヤン・ヤオシュン
YANG YAO HSUN

外野手　38歳　7年目　左右　1983.1.22　178cm90kg

①華興中学-中国文化大学-ソフトバンク-パイレーツ-Lamigo(15-19)-楽天(20)③野性味溢れるプレーが持ち味のベテランは、昨季5年ぶりの投手登板も果たした。チームを勢い付ける一打に今季も期待だ。④WBC(06,13)、アジア大会(10)⑤陽耀勲

年度	打率	試合	安打	本塁打	打点	盗塁	三振
2020	.316	65	67	9	38	5	53
通算	.308	315	320	37	145	38	219

8 詹智堯
せん・ちぎょう
ジャン・ジーヤオ
CHAN CHIH YAO

外野手　38歳　13年目　左右　1983.1.2　178cm83kg

①屏東高中-台湾体院-La New(09-10)-Lamigo(11-19)-楽天(20)②ゴ(09,12,13,14,15)③イケメン外野手は若手の台頭もあり近年出場機会が減少しているが、広い守備範囲と巧打でチームに貢献していく。④WBC(06,09)

年度	打率	試合	安打	本塁打	打点	盗塁	三振
2020	.269	38	21	0	17	0	21
通算	.278	971	822	31	331	76	400

24 蔡鎮宇
さい・ちんう
ツァイ・ジェンユ
TSAI CHEN YU

●外野手　25歳　2年目　右右　1996.11.20　168cm78kg

①穀保家商-アズサパシフィック大-楽天(20)③アメリカの大学3校で約3年プレー。鋭いスイングと俊足が持ち味の小柄な外野手は、プロ入り後新たに捕手の練習にも取り組んでいる。

年度	打率	試合	安打	本塁打	打点	盗塁	三振
2020	-	-	-	-	-	-	-
通算	-	-	-	-	-	-	-

30 林知譽
りん・ちよ
リン・ジーユ
LIN CHIH YU

外野手　28歳　6年目　右右　1993.3.30　185cm90kg

①穀保家商-輔仁大学-Lamigo(16-19)-楽天(20)③18年に一軍初打席初HRを放つ鮮烈デビューも、その後は二軍暮らしが続いている。若手外野手も増えた今季は勝負の一年となる。

年度	打率	試合	安打	本塁打	打点	盗塁	三振
2020	-	-	-	-	-	-	-
通算	.250	2	1	1	3	0	2

35 成晉
せい・しん
チェン・ジン
CHENG CHIN

外野手　23歳　5年目　右右　1998.11.13　184cm90kg

①平鎮高中-Lamigo(17-19)-楽天(20)③昨季はシーズン序盤中堅手としてスタメンに名を連ねた。パワーと選球眼を向上させ、シーズン通して一軍定着を目指したい。

年度	打率	試合	安打	本塁打	打点	盗塁	三振
2020	.302	35	32	2	11	1	15
通算	.250	48	35	2	11	1	21

36 余德龍
よ・とくりゅう
ユ・デーロン
YU TE LUNG

外野手　33歳　10年目　右右　1988.6.12　180cm73kg

①台中高農-嘉義大学-Lamigo(12-19)-楽天(20)②ゴ(15)③どのポジションも高いレベルで守れるユーティリティーは途中出場中心ながら要所で活躍。特に遊撃の守備は一見の価値あり。

年度	打率	試合	安打	本塁打	打点	盗塁	三振
2020	.306	51	30	1	15	3	26
通算	.276	692	521	12	200	76	309

65 林政華
りん・せいか
リン・ジェンホァ
LIN CHENG HUA

●外野手　20歳　2年目　左左　2001.9.22　173cm73kg

①東大体中-楽天(20)③高いコンタクト能力とスピード、強肩が武器の1番打者タイプで主に右翼を守る。19年のU18W杯でも活躍を見せた。

年度	打率	試合	安打	本塁打	打点	盗塁	三振
2020	-	-	-	-	-	-	-
通算	-	-	-	-	-	-	-

82 黃敬瑋
こう・けいい
ホァン・ジンウェイ
HUANG CHING WEI

外野手　27歳　5年目　右右　1994.12.21　176cm78kg

①南英商工-中国文化大学-Lamigo(17-19)-楽天(20)③年下の外野手が台頭した影響で昨季は一軍出場無しも二軍では打率.332 15盗塁。レベルの高い打撃を一軍で再現できるか。

年度	打率	試合	安打	本塁打	打点	盗塁	三振
2020	-	-	-	-	-	-	-
通算	.270	80	47	4	26	1	46

86 邱丹
きゅう・たん
チョウ・ダン
CHIU TAN

外野手　21歳　4年目　左左　2000.7.11　174cm89kg

①普門中学-Lamigo(18-19)-楽天(20)③広い守備範囲と強肩が魅力の外野手。世代交代が望まれる外野手争いに加わるためには打撃の安定感向上が必須だ。

年度	打率	試合	安打	本塁打	打点	盗塁	三振
2020	.250	2	1	0	1	0	2
通算	.219	14	7	0	2	0	7

88 藍寅倫

らん・いんりん
ラン・インルン
LAN YIN LUN

外野手　31歳　8年目　右左　1990.5.7　180cm87kg

①高苑工商-高苑科技大学-Lamigo(14-19)-楽天(20)②新(14)、ベ(14,18,19)③鋭いスイングとハッスルプレーが魅力も昨季は守備のミスが多く、約1ヶ月二軍で調整。打順問わず役割を果たせる存在だ。

年度	打率	試合	安打	本塁打	打点	盗塁	三振
2020	.310	88	98	6	35	5	60
通算	.325	529	617	51	273	48	296

93 林楷錡

りん・かいき
リン・カイチー
LIN KAI CHI

●外野手　23歳　2年目　右左　1998.6.12　186cm83kg

①南英商工-国立体大-楽天(20)③今後の成長に期待したい、強肩が武器の外野手。父はCPBLでアンダースローとして活躍した林琨瑋（元味全）。

年度	打率	試合	安打	本塁打	打点	盗塁	三振
2020	-	-	-	-	-	-	-
通算	-	-	-	-	-	-	-

主な獲得タイトル
（　）内はNPBでの該当タイトル名

M=年度MVP	（最優秀選手）
新=最佳新人奨	（新人王）
首=打撃王	（首位打者）
本=全塁打王	（最多本塁打）
点=打點王	（最多打点）
盗=盗塁王	（最多盗塁）
防=防禦率王	（最優秀防御率）
勝=勝投王	（最多勝利）
救=救援王	（最多セーブ）
中=中繼王	（最優秀中継ぎ）
三=三振王	（最多奪三振）
ベ=最佳十人奨	（ベストナイン）
ゴ=金手套奨	（ゴールデングラブ賞）

※成績の太字はリーグトップ

建て替え中の新竹棒球場

市街地の鳥かごが生まれ変わる！

北部、新竹市では、旧新竹棒球場の跡地に、新たな球場の建設が行われている。味全ドラゴンズの本拠地の一つとなる事が決定している新たな新竹棒球場は年内にも落成、2022年シーズンから一軍公式戦が40試合前後開催される予定となっている。新竹はハイテク産業が盛んな土地とあって、5Gや最新テクノロジーの活用も期待されており、ファンは新球場の誕生を心待ちにしている。

上から見た以前の新竹棒球場

建物がぐるりと取り囲む立地

建て替え前の新竹棒球場の外観

富邦ガーディアンズ
富邦悍將

富邦ガーディアンズ

フーバン ハンジャン

球団情報

富邦育樂股份有限公司
創立：2016年11月1日　GM：蔡承儒　本拠地：新北市立新莊棒球場
球団事務所：新北市新莊區和興街66號　TEL：02-6635-9588
http://www.fubonguardians.com

Home

Visitor

2020年シーズン回顧と 2021年の展望

　名将・洪一中の監督就任が話題となった昨季。前期は投打に手探りで理想の先発ローテーション、スタメンが組めず、さらに6月に胡金龍の出場停止が追い打ちをかけ、最下位に沈んだ。後期は野手では高國輝やドラフト1位で入団したばかりの張進德、投手では索沙や邦威がチームを牽引し調子を上げ、残り1試合の時点で首位に立つも最終戦に敗れ、台湾シリーズ進出を逃した。

　今季はMLBでの実績もある傑斯を獲得し、外国人選手の層は5球団でも随一。しかしその一方でリリーフ陣は賴鴻誠がFAで楽天に移籍し、安定感には不安が残る。打線は賴鴻誠の補償選手で長打力のある楊瑞承を獲得。ここに打力のあるベテランがしっかりと実力を発揮できれば、昨季リーグ最下位の得点数からは上積みが期待できる。

　投打ともに陣容が揃った今季は結果が求められる一年となるが、富邦として初の台湾シリーズ制覇なるか。

マスコット
Frankie＆Bonnie

チアリーダー
Fubon Angels

年度	順位	チーム名	試合	勝	敗	分	勝率
1993	4	俊國ベアーズ	90	40	47	3	0.460
1994	6	俊國ベアーズ	90	29	59	2	0.330
1995	6	俊國ベアーズ	100	40	58	2	0.408
1996	6	興農ベアーズ/興農ブルズ	100	28	69	3	0.289
1997	5	興農ブルズ	96	45	48	3	0.484
1998	1	興農ブルズ	105	58	45	2	0.563
1999	6	興農ブルズ	93	30	61	2	0.330
2000	1	興農ブルズ	90	51	38	1	0.573
2001	4	興農ブルズ	90	34	51	5	0.400
2002	3	興農ブルズ	90	44	45	1	0.494
2003	2	興農ブルズ	100	62	32	6	0.660
2004 ★	2	興農ブルズ	100	52	43	5	0.547
2005 ★	1	興農ブルズ	101	53	42	6	0.558
2006	3	興農ブルズ	100	48	49	3	0.495
2007	6	興農ブルズ	100	42	57	1	0.424
2008	6	興農ブルズ	100	37	62	1	0.374
2009	3	興農ブルズ	120	57	60	3	0.487
2010	1	興農ブルズ	120	65	53	2	0.551
2011	4	興農ブルズ	120	45	72	3	0.385
2012	4	興農ブルズ	120	38	77	5	0.330
2013	2	義大ライノス	120	62	57	1	0.521
2014	3	義大ライノス	120	58	60	2	0.492
2015	3	義大ライノス	120	58	61	1	0.487
2016 ★	2	義大ライノス	120	61	58	1	0.513
2017	4	富邦ガーディアンズ	120	48	70	2	0.407
2018	3	富邦ガーディアンズ	120	54	66	0	0.450
2019	1	富邦ガーディアンズ	120	63	55	2	0.534
2020	4	富邦ガーディアンズ	120	54	65	1	0.454
通算			2985	1356	1560	69	0.465

球団小史■1992年のバルセロナ五輪銀メダルメンバーを中心に構成され、翌1993年に誕生した俊国ベアーズが前身。1996年に興農グループに売却され、のちに興農ブルズに改称、2004、2005年には連覇を果たすも、次第に運営意欲が低下、ついに2012年に

は義聯グループに売却され義大ライノスと改称した。義大はマニー・ラミレス獲得などで旋風を起こすも、2016年、成績低迷を理由に身売りを発表。シリーズ優勝を置き土産に富邦HDに譲渡され、2017年から富邦ガーディアンズとなった。

街中にある、憩いのグリーンエリア

新北市立新荘棒球場

しんほくしりつしんそうきゅうじょう
シンベイシーリー　シンジュアン　バンチョウチャン

住所：新北市新荘區和興街66號
TEL：02-2998-1382
収容人員：12,100人
天然芝
中堅：122m（400ft）　両翼：99m（325ft）

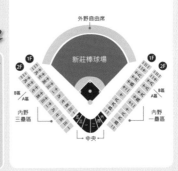

メトロ駅から徒歩圏内

新北市は、大都市・台北市をドーナツのように取り囲んでいる衛星都市で、人口は400万人を超え台湾トップだ。2010年に直轄市になる以前は台北県という名称だった。新荘棒球場は陸上競技場や体育館、テニスコートなどが集まる運動公園の中にあり、緑豊かなその環境は、周辺に暮らす人々の安らぎの場となっている。球場の外周にはヤシの木が植えられており、南国ムードいっぱいだ。2017年、富邦ガーディアンズを運営する富邦グループが同球場の経営権を取得、積極的な改装を行い、観戦の質を高めた。2018年から主催ゲーム全60試合を開催している。

好みの観戦場所を見つけよう！

コンパクトにまとまったとても見やすい球場で、全体的にゆとりがある。内野席だけではなく、外野席にも背もたれがあるため、落ち着いて観戦することができる。内野1階席は2階席部分がせり出している影響で、暗い印象があるが、外野寄りの前列の座席はネットもなく、開放感がある。球場周辺は多くの飲食店があるので、試合前の腹ごしらえは問題ないだろう。

新北市立新荘棒球場　周辺地図

新荘棒球場

メトロ
新荘駅

富邦ガーディアンズ　フーバン　ハンジャン

アクセス

要チェック!!

　台北市周辺は、台北メトロでの移動が便利。新荘棒球場は最寄り駅から徒歩圏内なので、言葉が不慣れな人でも安心です。駅から球場に行く途中にはコンビニもあります。

台北駅から
・【台北メトロ（MRT）で】淡水信義線に乗り、民権西路駅で中和新蘆線（廻龍行き）に乗り換え、新荘駅下車、約25分。
・【路線バスで】台北車站（忠孝）バス停から299番バスで、新荘棒球場下車、約45分。

新荘駅（最寄り駅）から
・徒歩約15分（約1.1km）

75

嘉義市立體育棒球場

かぎしりつたいいくきゅうじょう
ジャーイーシーリー ティーユー バンチョウチャン

住所：嘉義市東區山仔頂249−1號
TEL：05-275-4225
収容人員：10,000人
天然芝、内野赤土
中堅：122m（400ft）　　両翼：107m（350ft）

「KANO」は嘉義市民の誇り

台北の南西、約200kmにある嘉義は、日本そして野球とつながりの深い町だ。1907年に建設された嘉義球場は嘉義公園の中にあり、公園には日本統治時代の神社の社務所が残っている。同じく日本統治下の1931年、地元・嘉義農林高校が台湾代表として甲子園大会で準優勝を収めたことは市民の誇りで、同球場のスコアボードにも「嘉義市KANO棒球場」という表記がなされている。2018年からスタートした改修工事を経て、今季から富邦ガーディアンズのキャンプ地及びファーム本拠地となった同球場では、二軍公式戦のほか、一軍公式戦も4年ぶりに行われる。観戦前には、名物の鶏肉飯（七面鳥ご飯）を味わいたい。

嘉義市立體育棒球場　周辺地図&アクセス

台北から嘉義市内へ
・高速鉄道（高鉄）で高鉄嘉義駅まで約1時間30分。高鉄嘉義駅から市中心部の台鉄嘉義駅へはBRTバス（嘉義公園方面行き）で約30分。その他に在来線(台鉄)、高速バスのルートもあり。

高鉄嘉義駅から球場へ
・BRTバス（嘉義公園方面行き）で終点嘉義公園下車、約45分。途中、台鉄嘉義駅を経由する。このバス（高鉄快捷専車）は高鉄の乗車券を提示すれば無料で乗車出来る。

2	洪一中	こう・いっちゅう ホン・イージョン HONG YI CHUNG

監督　60歳　31年目　右右　1961.5.14　172cm79kg

①美和中学-中国文化大学-兄弟(90-96)-TML・高屏雷公(97-02)-La New監督(04)-La New監督(04-09)-La Newコーチ(10)-Lamigo監督(11-19)-富邦監督(20)②ベ(92,94)、ゴ(93,94,96)④ソウル五輪(88)、アジア大会(02)

86	郭建霖	かく・けんりん グォ・ジェンリン KUO CHIEN LIN

ヘッドコーチ　56歳　29年目　右右　1965.5.21　175cm78kg

①美和中学-味全(90-95)-TML・台北太陽(96-00)-TML・高屏雷公コーチ(01-02)-第一金剛コーチ(03)-La Newコーチ(04-07)-Lamigoコーチ(11-19)-富邦コーチ(20)②ベ(91)、ゴ(93,95)

3	呉俊良	ご・しゅんりょう ウー・ジュンリャン WU CHUN LIANG

投手コーチ　47歳　25年目　右右　1974.3.13　181cm92kg

①美和中学-統一(96-03)-統一コーチ(11-19)-Lamigoコーチ(04-09)-Lamigoコーチ(20)②勝(97)、ベ(97)④アジア大会(94,98)

42	林正豊	りん・せいほう リン・ジェンフォン LIN CHENG FENG

ブルペンコーチ　39歳　16年目　右右　1982.12.26　182cm84kg

①高苑工商-統一(06-12)-義大(13-16)-富邦コーチ(17)

73	陳威志	ちん・いし チン・ウェイジ CHEN WEI CHIH

打撃コーチ　46歳　22年目　左左　1975.8.10　175cm90kg

①華興中学-輔仁大学-和信(99-01)-中信(02-03)-興農(04)-興農コーチ(05-08)-興農コーチ(10-12)-義大コーチ(13-16)-富邦コーチ(17)

90	羅根	ローガン・ブラムリー ルオゲン(アメリカ合衆国) LOGAN BRUMLEY

打撃コーチ　32歳　3年目　右右　1989.6.3　180cm82kg

①ノースウッド大-米独立L-富邦コーチ(19)

88	鄭兆行	てい・ちょうこう ジェン・ジャオハン ARANG KARO

守備コーチ　44歳　22年目　右右　1977.2.14　179cm82kg

①華興中学-中国文化大学-興農(00-12)-義大(13-15)-義大コーチ(16)-富邦コーチ(17)②盗(04)、ベ(02,03,10)、ゴ(09)④アテネ五輪(04)

53	黄甘霖	こう・かんりん ホァン・ガンリン HUANG KAN LIN

外野守備コーチ　46歳　24年目　右右　1975.3.12　182cm85kg

①新民商工-統一(98-10)-統一コーチ(11-16)-統一監督(17-19)-富邦コーチ(20)②盗(99,00,01,02,03)、ベ(99,00,01,02)、ゴ(99,00,01,02,03,04)④アジア大会(94)

87	古久保健二	ふるくぼ・けんじ グョウバオ・ジェンアル(日本) FURUKUBO KENJI

バッテリーコーチ　57歳　3年目　右右　1964.6.23　177cm82kg

①太成高-近鉄-近鉄コーチ-中日コーチ-ヤクルトコーチ-オリックスコーチ-韓国・ハンファコーチ-東北楽天コーチ-富邦コーチ(19)⑤古久保健二

92	朱偉銘	しゅ・いめい ジュ・ウェイミン CHU WEI MING

トレーニングコーチ　36歳　12年目　右右　1985.9.25　182cm75kg

①南英商工-嘉義大学-兄弟(10-13)-中信兄弟コーチ(14-18)-富邦コーチ(19)

91	陳柏穎	ちん・はくえい チェン・ボーイン CHEN PO YING

トレーニングコーチ　30歳　4年目　なし　1991.11.13　180cm73kg

①台湾師範大学-富邦コーチ(18)

97	余文彬	よ・ぶんひん ユ・ウェンビン YU WEN PIN

二軍監督　43歳　19年目　右右　1978.12.18　180cm78kg

①華興中学-中国文化大学-オリックス-興農(03-13)-義大コーチ(13-16)-富邦コーチ(17)⑤余文彬

77	陳瑞振	ちん・ずいしん チェン・ルイジェン CHEN JUI CHEN

●二軍ヘッドコーチ　46歳　17年目　右右　1975.9.23　180cm90kg

①美和中学-兄弟(98-09)-兄弟監督(10-12)-兄弟コーチ(13)-富邦コーチ(21)②ベ(01)、ゴ(99,00,02,03)④アジア大会(02)

19	蔡明晋	さい・めいしん ツァイ・ミンジン TSAI MING JIN

二軍投手コーチ　37歳　14年目　右右　1984.9.28　179cm70kg

①強恕中学-国立体院-興農(08-12)-義大(13-16)-富邦(17-20)-富邦コーチ(21)④WBC(17)

36	布鲁斯	ブルース・ビリングス ブルス(アメリカ合衆国) BRUCE BILLINGS

●二軍投手コーチ　36歳　4年目　右右　1985.11.18　183cm95kg

①サンディエゴ州立大-ロッキーズ-アスレチックス-ヤンキース-ドジャース-ナショナルズ-統一(16-17)-富邦(18)-富邦コーチ(21)②三(16)

25	黄柏揚	こう・はくよう ホァン・ボーヤン HUANG PO YANG

二軍ブルペンコーチ兼トレーニングコーチ　32歳　8年目　右右　1989.7.12　172cm75kg

①秀峰高中-万能科技大学-義大(14-16)-富邦(17)-富邦コーチ(18)

56	鍾承祐	しょう・しょうゆう ジョン・チェンヨウ CHUNG CHEN YU

▲二軍打撃コーチ　36歳　14年目　右右　1985.1.31　180cm84kg

①高苑工商-国立体院-La New(08-10)-Lamigo(11-19)-楽天コーチ(20)-富邦コーチ(21)②ベ(10,11,12)、ゴ(11,12)

68	施金典	し・きんてん シ・ジンディエン SHIH CHIN TIEN

二軍守備コーチ　41歳　17年目　右右　1980.8.1　185cm75kg

①台湾体専-台湾体院-統一(05-10)-興農(11-12)-興農コーチ(12)-義大コーチ(13-16)-富邦コーチ(17)

93	徐育澄	じょ・いくちょう シュ・ユーチェン HSU YU CHENG

●二軍外野守備コーチ　34歳　7年目　右右　1987.10.23　176cm70kg

①東石高中-輔仁大学-興農(12)-義大(13-16)-富邦(17)-富邦コーチ(21)

26	黄浩然	こう・こうぜん ホァン・ハオラン HUANG HAO JAN

二軍バッテリーコーチ　39歳　16年目　右右　1982.2.13　180cm85kg

①穀保家商-台北体院-誠泰(06-07)-米迪亞(08)-La New(09-10)-Lamigo(11-18)-富邦コーチ(19)②ゴ(14)

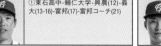

背番号　漢字名　日本語読み　現地読み(国籍)　英語
①経歴②タイトル歴④代表歴⑤NPBでの登録名

役職　年齢　年数(CPBL)　投打　生年月日　身長体重
記号：●=新入団(新任)、▲=移籍、■=復帰

13 陳鴻文

ちん・こうぶん　チェン・ホンウェン　CHEN HUNG WEN

投手 35歳 9年目　右右 1986.2.3 180cm97kg

①三民高中-中国文化大学-カブス-兄弟(13)-中信兄弟(14-17)-富邦(18)②救(15,16)③プレミア12では守護神として活躍した右腕は、昨季前半戦も防御率1.09と活躍。しかし後半戦では5敗と夏場以降スランプに陥った。今季にかける想いは人一倍強く、春季キャンプ初日から精力的に投げ込みを行ってきた。④WBC(09,13,17)、アジア大会(10)、プレミア12(15,19)

年度	チーム	防御率	試合	勝利	敗戦	セーブ	投球回	安打	四球	三振
2014	中信兄弟	2.67	27	7	8	1	118	110	23	75
2015	中信兄弟	2.95	50	6	3	24	55	52	24	55
2016	中信兄弟	4.87	53	9	2	15	61	67	16	58
2017	中信兄弟	5.81	38	2	4	1	69 2/3	84	19	64
2018	富邦	4.62	24	3	4	1	50 2/3	54	17	48
2019	富邦	1.70	50	6	0	20	53	32	13	51
2020	富邦	4.77	53	7	6	16	54 2/3	65	16	46
通算		3.65	321	46	32	88	574 2/3	572	160	494

34 王尉永

おう・いえい　ワン・ウェイヨン　WANG WEI YUNG

投手 26歳 4年目　右右 1995.9.18 181cm72kg

①中道中学-中国文化大学-富邦(18)③唸りを上げるストレートは、侍ジャパンの稲葉監督も認めた一級品。昨季は運に恵まれず防御率は張るわなかったが、奪三振率はリーグでも屈指の高さだ。一軍3年目の今季も高めの速球で並み居る強打者たちをねじ伏せる。

年度	チーム	防御率	試合	勝利	敗戦	セーブ	投球回	安打	四球	三振
2014	-	-	-	-	-	-	-	-	-	-
2015	-	-	-	-	-	-	-	-	-	-
2016	-	-	-	-	-	-	-	-	-	-
2017	-	-	-	-	-	-	-	-	-	-
2018	-	-	-	-	-	-	-	-	-	-
2019	富邦	3.09	25	1	0	0	23 1/3	18	8	24
2020	富邦	6.75	52	0	2	0	45 1/3	58	19	54
通算		5.50	77	1	2	0	68 2/3	76	27	78

0 劉劭威

りゅう・しょうい　リョウ・シャオウェイ　LIU SHAO WEI

▲投手 25歳 3年目　右右 1996.3.26 190cm110kg

①穀保家商-中国文化大学-中信兄弟(19-20)-富邦(21)②わずか1年半で中信兄弟を戦力外になったが、キャンプのテストに合格し富邦入り。荒れ球を武器に一軍初登板を目指す。

年度	防御率	試合	勝利	敗戦	セーブ	投球回	三振
2020	-	-	-	-	-	-	-
通算	-	-	-	-	-	-	-

11 林晨樺

りん・しんか　リン・チェンホァ　LIN CHEN HUA

投手 33歳 10年目　右右 1988.12.16 185cm92kg

①中道中学-中国文化大学-興農(12)-義大(13-16)-富邦(17)②勝(13)、セ(13)③昨季は下手からの揺さぶりを武器に自己最多の45登板。かつての最多勝投手は今季もブルペンでチームに貢献する。④WBC(17)

年度	防御率	試合	勝利	敗戦	セーブ	投球回	三振
2020	4.97	45	2	1	0	50.2	33
通算	4.85	269	33	32	3	577	353

12 江國豪

こう・こくごう　ジャン・グォハオ　CHIANG KUO HAO

投手 24歳 3年目　右右 1997.12.29 178cm73kg

①麥寮高中-台湾体大-富邦(19)③19年のドラ1右腕が、チームの台湾人投手最多の9勝と大きく開花した。チェンジアップの切れ味はリーグでも有数だ。

年度	防御率	試合	勝利	敗戦	セーブ	投球回	三振
2020	5.12	23	9	8	0	110.2	63
通算	5.48	34	10	9	0	131.1	74

14 邦威

マニー・バヌエロス　バンウェイ(メキシコ)　MANNY BANUELOS

投手 30歳 2年目　左右 1991.3.13 178cm97kg

①ヤンキース-ブレーブス-エンゼルス-ドジャース-ホワイトソックス-マリナーズ-富邦(20)②闘志あふれる投球が売りの熱血左腕。速球の威力だけでなく、ブレーキが効いたカーブやチェンジアップも素晴らしい。

年度	防御率	試合	勝利	敗戦	セーブ	投球回	三振
2020	2.60	10	6	3	0	52	62
通算	2.60	10	6	3	0	52	62

16 林逸翔

りん・いっしょう　リン・イーシャン　LIN YI HSIANG

▲投手 29歳 5年目　左左 1992.12.16 184cm80kg

①三民高中-台湾体大-オリオールズ-四国IL・高知-Lamigo(17-19)-楽天(20)-富邦(21)②昨季楽天を戦力外となり移籍。球の出所が見えづらいフォームの左腕は入団後に球速が大きく向上しており、一軍入りに期待。④アジア大会(14)

年度	防御率	試合	勝利	敗戦	セーブ	投球回	三振
2020	13.50	3	0	0	0	3.1	3
通算	10.57	12	0	0	0	15.1	15

17 張耿豪

ちょう・こうごう　ジャン・ゲンハオ　CHANG KENG HAO

投手 30歳 12年目　右右 1991.4.11 178cm73kg

①南英商工-台湾体院-興農(10-12)-義大(13-16)-富邦(17)②2017年のリーグ最多登板右腕も、過去2年は度重なる怪我で一軍登板は2試合のみ。リハビリを乗り越え再びフル回転を。

年度	防御率	試合	勝利	敗戦	セーブ	投球回	三振
2020	-	-	-	-	-	-	-
通算	4.50	330	23	24	5	442.1	266

44 索沙

ヘンリー・ソーサ
スォシャ（ドミニカ共和国）
HENRY SOSA

投手 36歳 3年目
右右 1985.7.28 185cm95kg

①ジャイアンツ-アストロズ-韓国・KIA-ドジャース-韓国・ネクセン-韓国・LG-富邦(19)-韓国・SK-富邦(20)③「最強洋投」と名高い右腕は、9回でも150キロを軽々と上回るスタミナを武器に、リーグ最多の194.1回を投げ抜いた。得意の新荘棒球場で今季も勝ちまくり、チーム初の優勝に貢献したい。投球のみならず、理髪の腕も一流だ。

年度	チーム	防御率	試合	勝利	敗戦	セーブ	投球回	安打	四球	三振
2014	-	-	-	-	-	-	-	-	-	-
2015	-	-	-	-	-	-	-	-	-	-
2016	-	-	-	-	-	-	-	-	-	-
2017	-	-	-	-	-	-	-	-	-	-
2018	-	-	-	-	-	-	-	-	-	-
2019	富邦	1.56	12	8	2	0	86 2/3	60	10	85
2020	富邦	3.38	29	15	5	0	**194 1/3**	230	37	172
通算		2.82	41	23	7	0	281	290	47	257

81 陳仕朋

ちん・しほう
チェン・シーポン
CHEN SHIH PENG

投手 24歳 6年目
左左 1997.9.20 179cm79kg

①西苑中学-義大(16)-富邦(17)③年齢離れした安定感が武器のサウスポー。前年の11勝から大きく勝ち星を減らしたが、8月には富邦の台湾人投手では初の完封勝利を挙げた。江國豪、游霆崴との若手先発トリオ「豪朋游」はプライベートでも仲良し。

年度	チーム	防御率	試合	勝利	敗戦	セーブ	投球回	安打	四球	三振
2014	-	-	-	-	-	-	-	-	-	-
2015	-	-	-	-	-	-	-	-	-	-
2016	-	-	-	-	-	-	-	-	-	-
2017	富邦	13.50	1	0	1	0	2	3	5	0
2018	富邦	7.24	7	0	2	0	27 1/3	38	11	13
2019	富邦	3.48	23	11	8	0	124	151	35	73
2020	富邦	5.21	20	6	11	0	107	152	31	72
通算		4.67	51	17	21	0	260 1/3	344	82	158

18 郭俊麟

かく・しゅんりん
グォ・ジュンリン
KUO CHUN LIN

● 投手 29歳 2年目 右右 1992.2.2 175cm76kg

①西苑中学-台湾体大-西武(15-19)-富邦(20)③台湾帰国後に、トミー・ジョン手術を受け、復帰は今季後半予定。伸びのある速球を武器に、終盤ではエース級の活躍を期待。④アジア大会(14)、プレミア12(15)、WBC(17)⑤郭俊麟

年度	防御率	試合	勝利	敗戦	セーブ	投球回	三振
2020	-	-	-	-	-	-	-
通算	-	-	-	-	-	-	-

21 藍愷青

らん・がいせい
ラン・カイチン
LAN KAI CHING

投手 23歳 2年目 左左 1998.9.6 176cm74kg

①高苑工商-国立体大-富邦(20)③リリーフで期待される技巧派新人左腕。変化球を内外角に巧みに出し入れし、打者に自分のスイングをさせない技が光る。

年度	防御率	試合	勝利	敗戦	セーブ	投球回	三振
2020	-	-	-	-	-	-	-
通算	-	-	-	-	-	-	-

30 陳韋霖

ちん・いりん
チェン・ウェイリン
CHEN WEI LIN

投手 26歳 2年目 左右 1995.6.30 177cm67kg

①中興高中-遠東科技大学-富邦(20)③シーズン途中に自主培訓選手（育成選手に相当）として入団すると、10月には一軍初登板も経験。投球術を武器にブルペンに加わりたい。

年度	防御率	試合	勝利	敗戦	セーブ	投球回	三振
2020	0.00	1	0	0	0	0.1	0
通算	0.00	1	0	0	0	0.1	0

37 羅國華

ら・こくか
ルオ・グォホァ
LO KUO HUA

投手 29歳 5年目 右右 1992.10.28 178cm90kg

①三信家商-ツインズ-米独立L-四国IL-高知-富邦(17)③時に回跨ぎもこなす頼れるリリーバーは昨季23試合に登板。開幕は出遅れ予定だが、復帰後はパワーカーブを活かした投球に期待。④アジア大会(14)、プレミア12(15)、WBC(17)、APBC(17)

年度	防御率	試合	勝利	敗戦	セーブ	投球回	三振
2020	5.01	23	0	2	0	23.1	18
通算	6.22	75	5	5	0	72.1	60

39 羅力

マイク・ローリー
ルォリー（アメリカ合衆国）
MIKE LOREE

投手 37歳 9年目 右右 1984.9.14 192cm99kg

①ビラノバ大-ジャイアンツ-米独立L パイレーツ-米独立L-Lamigo(12-13)-韓国・kt-義大(15-16)-富邦(17)②防(15,16,17,19)、勝(15,16,17)、三(13,15,17,18)、べ(15,16,17,19)、ゴ(13,15)③直球のスピードが落ち、6年連続の二桁勝利が途絶えた。球速が回復すれば宝刀フォークとのコンビネーションが蘇る。

年度	防御率	試合	勝利	敗戦	セーブ	投球回	三振
2020	5.00	23	6	**11**	0	136.2	126
通算	3.38	203	90	61	0	1279	1090

40 林詠翔

りん・えいしょう
リン・ヨンシャン
LIN YUNG HSIANG

● 投手 20歳 2年目 右右 2001.0.13 170cm72kg

①高苑工商-富邦(20)③176cmと小柄ながら馬力のある投球を見せる高卒ルーキー。真上から投げ下ろす真っ直ぐでプロの世界でも真っ向勝負だ。

年度	防御率	試合	勝利	敗戦	セーブ	投球回	三振
2020	-	-	-	-	-	-	-
通算	-	-	-	-	-	-	-

富邦ガーディアンズ フーバン ハンジャン

背番号 漢字名 日本語読み 現地読み(国音) 英語　　ポジション 年齢 年数(CPBL) 投打 生年月日 身長体重
①経歴②タイトル歴③寸評④代表歴⑤NPBでの登録名　　記号:●…新入団(新任)、▲…移籍、■…復帰

5 蔣智賢
しょう・ちけん
ジャン・ジーシェン
CHIANG CHIH HSIEN

内野手　33歳　7年目
右右　1988.2.21　183cm95kg

①三民高中-レッドソックス-マリナーズ-レンジャーズ-オリオールズ-四国IL・高知-中信兄弟(15-17)-富邦(18)②点(18)、ベ(16,18)③神主打法かつシャープなスイングで広角に長打を飛ばすスラッガーは、本職の三塁以外にも二塁、外野の人手不足に陥った際は右翼も守った。今季は怪我無くシーズンを通して試合に出場し、3年ぶりの規定打席を目指したい。④北京五輪(08)、WBC(09,17)、アジア大会(14)、プレミア12(15)

年度	チーム	打率	試合	打数	安打	本塁打	打点	盗塁	四球	三振
2014	-	-	-	-	-	-	-	-	-	-
2015	中信兄弟	.306	30	111	34	3	25	0	5	14
2016	中信兄弟	.402	88	351	141	30	104	2	31	43
2017	中信兄弟	.335	89	349	117	21	74	3	19	56
2018	富邦	.331	110	429	142	18	89	2	27	73
2019	富邦	.316	66	215	68	9	34	0	19	37
2020	富邦	.309	74	275	85	13	45	0	26	52
通算		.339	457	1730	587	94	371	7	127	275

9 林益全
りん・えきぜん
リン・イーチュエン
LIN YI CHUAN

内野手　36歳　13年目
右左　1985.11.11　183cm83kg

①南英商工-興農(09-12)-義大(13-16)-富邦(17)②M(09,13,14)、新(09)、首(13)、本(13)、点(09,14,15,19)、ベ(09,13,14,15,16,17)、ゴ(09,14,15,16)③入団から12年連続打率3割を誇るレジェンドは、昨季リーグ史上最速で通算1700安打を達成。長打を意識したスイングにモデルチェンジするなどベテランになっても変化を恐れず、今季も中軸で打線を牽引する。④WBC(09,13,17)、アジア大会(10)、プレミア12(15)

年度	チーム	打率	試合	打数	安打	本塁打	打点	盗塁	四球	三振
2014	義大	.346	119	465	161	14	88	1	40	33
2015	義大	.367	117	452	166	23	126	1	46	53
2016	義大	.350	106	417	146	17	91	1	46	62
2017	富邦	.353	105	385	136	17	71	4	42	50
2018	富邦	.315	95	349	110	8	54	2	27	54
2019	富邦	.325	117	431	140	27	108	1	37	58
2020	富邦	.312	109	391	122	22	78	1	30	69
通算		.342	1322	5017	1717	193	1000	29	433	621

47 范玉禹
はん・ぎょくう
ファン・ユーユ
FAN YU YU

投手　26歳　9年目　右左　1995.4.27　193cm90kg

①花蓮体中-義大(13-16)-富邦(17)③昨季開幕前には監督から素質を絶賛されたが、防御率13.50と打ち込まれた。長身から投げ下ろすボールは威力十分だが、制球が課題だ。

年度	防御率	試合	勝利	敗戦	セーブ	投球回	三振
2020	13.50	19	0	0		18	16
通算	9.54	68	4	3		83	61

50 吳世豪
ご・せごう
ウー・シーハオ
WU SHIH HAO

投手　22歳　5年目　右右　1999.1.13　180cm70kg

①美和中学-富邦(17)③昨季は、5登板で11奪三振とボールの威力は一軍でも通用することを証明した。制球を磨き、ローテーション争いに加わりたい。

年度	防御率	試合	勝利	敗戦	セーブ	投球回	三振
2020	4.26	5	0	0		6.1	11
通算	3.89	21	2	1		41.2	47

54 李建勳
り・けんくん
リ・ジェンシュン
LI CHIEN HSUN

投手　25歳　3年目　右右　1996.9.8　192cm95kg

①大理高中-高苑科技大学-富邦(19)③打者に立ち向かう胸が自慢のリリーバー。パワータイプの投手だが、コントロールも悪くなく、今季は一軍フル帯同を期待。

年度	防御率	試合	勝利	敗戦	セーブ	投球回	三振
2020	5.87	5	0	0		7.2	8
通算	5.87	5	0	0		7.2	8

57 歐書誠
おう・しょせい
オウ・シューチェン
OU SHU CHENG

投手　28歳　4年目　右右　1993.2.11　180cm65kg

①平鎮高中-長栄大学-富邦(18)③肩の故障を経て、昨年5月に復帰し21登板。コントロール良くチェンジアップを投げ込み、打者のタイミングを崩す。

年度	防御率	試合	勝利	敗戦	セーブ	投球回	三振
2020	4.58	21	0	0	0	19.2	12
通算	2.98	40	1	0	0	42.1	30

60 曾峻岳
そう・しゅんがく
ツェン・ジュンユエ
TSENG CHUN YUEH

●投手　20歳　2年目　右右　2001.11.7　174cm68kg

①西苑中学-富邦(20)③高卒新人ながらオープン戦で評価を上げ開幕一軍入り。手元でグンと伸びる150キロの速球は、まるで呉俊偉(中信兄弟)のよう。

年度	防御率	試合	勝利	敗戦	セーブ	投球回	三振
2020	-	-	-	-	-	-	-
通算	-	-	-	-	-	-	-

66 傑斯
J.C.ラミレス
ジェス(ニカラグア共和国)
J. C. RAMIREZ

●投手　33歳　1年目　右右　1988.8.16　190cm105kg

①マリナーズ-フィリーズ-インディアンス-ダイヤモンドバックス-マリナーズ-レッズ-エンゼルス-富邦(21)③最速162キロの速球を軸に、MLBでは17年にエンゼルスで11勝を挙げた。常時150キロを超える球威は他球団の脅威となる。

年度	防御率	試合	勝利	敗戦	セーブ	投球回	三振
2020	-	-	-	-	-	-	-
通算	-	-	-	-	-	-	-

1　林哲瑄

りん・てつせん
リン・ジェーシュエン
LIN CHE HSUAN

外野手　33歳　7年目
右右　1988.9.21　180cm90kg

①南英商工-レッドソックス-アストロズ-レンジャーズ-四国IL・高知-義大(15-16)・富邦(17)②ベ(16)、ゴ(16,17,18,19)③広い守備範囲、強肩が武器のリーグ屈指の中堅手は、シーズン前半不振で二軍での調整が続くが、9月以降は打率.341と盛り返した。技術に衰えは見られず、今季も攻守でチームの要となる活躍に期待がかかる。④北京五輪(08)、WBC(09,13,17)、アジア大会(10)、プレミア12(19)

年度	チーム	打率	試合	打数	安打	本塁打	打点	盗塁	四球	三振
2014	-	-	-	-	-	-	-	-	-	-
2015	義大	.244	20	78	19	1	8	1	10	20
2016	義大	.345	107	400	138	22	79	12	54	63
2017	富邦	.296	91	351	104	3	43	9	38	60
2018	富邦	.278	106	388	108	10	59	18	31	66
2019	富邦	.314	112	414	130	9	48	25	25	58
2020	富邦	.291	73	220	64	9	32	14	28	50
通算		.304	509	1851	563	54	269	69	186	317

28　高國輝

こう・こくき
ガオ・グォフイ
KAO KUO HUI

外野手　36歳　9年目
右右　1985.9.26　189cm103kg

①高苑工商-台北体院-マリナーズ-義大(13-16)-富邦(17)②本(14,15,16)、ベ(13,15,16)③球界屈指のホームランアーチストは4年ぶりに大きな離脱なく活躍。後期だけで17HRを量産し東山再起奨(カムバック賞に相当)を受賞。今季は公式球の反発係数が抑えられたが、それを感じさせない一発に期待だ。④北京五輪(08)、アジア大会(10)、プレミア12(15)、WBC(17)

年度	チーム	打率	試合	打数	安打	本塁打	打点	盗塁	四球	三振
2014	義大	.309	52	188	58	18	57	6	26	42
2015	義大	.324	120	485	157	39	110	7	43	77
2016	義大	.286	104	392	112	34	104	6	49	69
2017	富邦	.204	25	93	19	3	13	0	9	20
2018	富邦	.253	62	198	50	9	38	3	40	52
2019	富邦	.313	50	160	50	9	29	1	15	46
2020	富邦	.303	97	343	104	20	70	3	31	86
通算		.305	612	2216	675	151	486	31	247	437

70　朱益生

りん・えきせい
ジュ・イーシェン
ZHU YI SHENG

投手　22歳　3年目　左右　1999.10.1　183cm83kg

①平鎮高中-台北市立大学-富邦(19)③球速以上の速さを感じさせる速球に、変化球・制球もハイレベル。素質は誰もが認めるだけに、まずは怪我を完治させたい。

年度	防御率	試合	勝利	敗戦	セーブ	投球回	三振
2020	-	-	-	-	-	-	-
通算	-	-	-	-	-	-	-

72　張瑞麟

ちょう・ずいりん
ジャン・ルイリン
CHANG JUI LIN

投手　29歳　6年目　左左　1992.6.28　181cm80kg

①穀保家商-国立体大-義大(16)-富邦(17)③昨季終盤に外野手から投手に転向。左のアンダースローから投げられる速球は自然に変化し、左打者に効果を発揮する。

年度	防御率	試合	勝利	敗戦	セーブ	投球回	三振
2020	-	-	-	-	-	-	-
通算	-	-	-	-	-	-	-

74　楊彬

よう・ひん
ヤン・ビン
YANG PIN

投手　25歳　4年目　右右　1996.1.1　180cm90kg

①高苑工商-高雄大学-富邦(18)③二軍で奪三振王を獲得した先発のホープ。ボールの威力とスタミナは既に一軍レベルだけに、コントロールの強化あるのみだ。

年度	防御率	試合	勝利	敗戦	セーブ	投球回	三振
2020	10.57	8	0	0	0	15.1	13
通算	11.78	11	0	0	0	18.1	14

79　葉國情

よう・こくじょう
イェ・グォチン
YEH KUO CHING

投手　20歳　3年目　右右　2001.2.14　180cm78kg

①花蓮体中-富邦(19)③槍投げ出身の右腕は、プロで投球フォームを修正し大きく飛躍。二軍では速球一本でイニング数を超える三振を奪った。

年度	防御率	試合	勝利	敗戦	セーブ	投球回	三振
2020	-	-	-	-	-	-	-
通算	-	-	-	-	-	-	-

80　游霆崴

ゆう・ていわい
ヨウ・ティンウェイ
YU TING WEI

投手　24歳　5年目　右右　1997.10.11　178cm68kg

①西苑中学-富邦(17)③マウンド度胸と頭脳的な投球が売りの先発候補だが、昨季は一・二軍両方で打ち込まれた。130キロ中盤の球速を鍛えたい。

年度	防御率	試合	勝利	敗戦	セーブ	投球回	三振
2020	11.16	9	1	2	0	15	15
通算	6.88	21	5	4	0	69.1	49

89　優瑪

ヨマール・コンセプシオン
ヨウマ(ドミニカ共和国)
YOMAR CONCEPCION

●投手　29歳　1年目　右右　1992.5.6　191cm95kg

①富邦(21)③枭沙の紹介で育成選手として入団。コロンビアやカナダでもプレーした右腕は、最速154キロの速球を台湾でどこまで伸ばせるか。

年度	防御率	試合	勝利	敗戦	セーブ	投球回	三振
2020	-	-	-	-	-	-	-
通算	-	-	-	-	-	-	-

94 林柏佑
りん・はくゆう
リン・ボーヨウ
LIN PO YU

▲投手 35歳 9年目 右右 1986.9.16 183cm91kg

①華興中学-台湾体院-ホワイトソックス-Lamigo(13-19)-楽天(20)-富邦(21)③15～19年に231登板のベテランリリーバーが加入。Lamigo時代の恩師である洪一中監督の下、手薄なブルペンを支えたい。④WBC(09)、プレミア12(15)

年度	防御率	試合	勝利	敗戦	セーブ	投球回	三振
2020	9.00	7	1	0	0	5	9
通算	4.52	266	25	18	23	334.1	319

96 林羿豪
りん・げいごう
リン・イーハオ
LIN YI HAO

投手 30歳 8年目 右右 1991.1.2 188cm101kg

①西苑中学-巨人-義大(14-16)-富邦(17)③かつてはイースタンリーグでもセーブ王を獲得したクセ球のセットアッパー。怪我で出遅れており、早期復帰が待たれる。④アジア大会(10)、WBC(13)⑤林羿豪

年度	防御率	試合	勝利	敗戦	セーブ	投球回	三振
2020	6.29	46	0	4	1	44.1	43
通算	4.13	307	12	20	13	292.1	278

99 林聖榮
りん・せいえい
リン・シェンロン
LIN SHENG JUNG

投手 20歳 3年目 右右 2001.6.4 178cm65kg

①大理高中-富邦(19)③高めの速球と豊富な変化球で勝負する右腕だが、1年目は二軍で防御率13.28と打ち込まれた。背番号を変更し飛躍を期する。

年度	防御率	試合	勝利	敗戦	セーブ	投球回	三振
2020	-	-	-	-	-	-	-
通算	-	-	-	-	-	-	-

8 方克偉
ほう・こくい
ファン・ケーウェイ
FANG KO WEI

捕手 33歳 12年目 右右 1988.5.10 176cm96kg

①高苑工商-立徳大学-兄弟(10)-興農(10-12)-義大(13-16)-富邦(17)②ベ(17)、ゴ(17)③パンチ力ある捕手は故障と不振に苦しんだ。羅力が先発時の出場が多く、出番が限られた昨季も4試合でバッテリーを組んだ。

年度	打率	試合	安打	本塁打	打点	盗塁	三振
2020	.056	12	1	0	2	0	2
通算	.242	547	294	24	125	5	256

10 姚冠瑋
よう・かんい
ヤン・グァンウェイ
YAO KUAN WEI

捕手 25歳 3年目 右右 1996.1.11 170cm78kg

①穀保家商-中国文化大学-富邦(19)③打力に自信の捕手は二軍で39試合に出場も一軍ではアピールできず。張進徳というライバルが加入したが意地を見せられるか。

年度	打率	試合	安打	本塁打	打点	盗塁	三振
2020	.154	7	2	0	0	0	3
通算	.154	7	2	0	0	0	3

20 林宥穎
りん・ゆうえい
リン・ヨウイン
LIN YU YING

捕手 34歳 11年目 右右 1987.3.8 178cm87kg

①台中高農-台湾体院-興農(11-12)-義大(13-16)-富邦(17)②ゴ(13,18)③球界屈指の守備力と強肩が武器のベテランは盗塁阻止率.417、打では前期不調も後期調子を上げチームの優勝争いに貢献した。④WBC(09,17)、アジア大会(10,14)

年度	打率	試合	安打	本塁打	打点	盗塁	三振
2020	.258	83	59	3	30	0	50
通算	.269	701	467	14	218	16	271

61 蕭憶銘
しょう・おくめい
シャオ・イーミン
HSIAO YI MING

捕手 22歳 4年目 右右 1999.11.21 175cm80kg

①高苑工商-富邦(18)③高卒で入団して2年間、守備では安定したものを見せている。まず二軍で出場機会を確保するには打撃の成長が不可欠だ。

年度	打率	試合	安打	本塁打	打点	盗塁	三振
2020	-	-	-	-	-	-	-
通算	-	-	-	-	-	-	-

69 張進德
ちょう・しんとく
ジャン・ジンデ
JHANG JIN DE

●捕手 28歳 2年目 右左 1993.5.17 179cm100kg

①台中高農-パイレーツ-ジャイアンツ-富邦(20)③マイナーでの経験豊富な捕手は昨年ドラフト1位指名。即一軍登録され主にDHで打棒を発揮、9HR中統一戦で7HRを放った。④アジア大会(14)、プレミア12(15,19)

年度	打率	試合	安打	本塁打	打点	盗塁	三振
2020	.343	53	69	9	30	0	22
通算	.343	53	69	9	30	0	22

95 戴培峰
たい・ばいほう
ダイ・ペイフォン
TAI PEI FENG

捕手 21歳 4年目 右左 2000.1.7 182cm75kg

①平鎮高中-富邦(18)③将来の正捕手候補は前期だけで5HRを放った。レギュラーの壁は厚いが、首脳陣の英才教育を受け攻守にレベルアップしたい。

年度	打率	試合	安打	本塁打	打点	盗塁	三振
2020	.254	46	29	5	23	0	31
通算	.243	78	50	5	36	0	57

4 許宸銘
きょ・しんめい
シュ・チェンミン
HSU CHEN MING

●内野手 19歳 2年目 右左 2002.7.18 178cm70kg

①南英商工-富邦(20)③高校時代は強豪校でキャプテンを務めた、俊足巧打と広い守備範囲を有する細身の遊撃手。許禹壕(楽天)は兄。

年度	打率	試合	安打	本塁打	打点	盗塁	三振
2020	-	-	-	-	-	-	-
通算	-	-	-	-	-	-	-

22 李宗賢
り・そうけん
リ・ゾンシェン
LI TSUNG HSIEN

内野手　27歳　6年目　右右　1994.6.29　178cm70kg

①平鎮高中-国立体大-義大(16)-富邦(17)②ベ(20)、ゴ(17)③6月後半から1番に定着し初の規定打席到達&打率3割。広い守備範囲と強肩を備えた遊撃守備を見せ、走塁技術も成長著しい。

年度	打率	試合	安打	本塁打	打点	盗塁	三振
2020	.309	117	151	5	46	26	89
通算	.282	419	368	11	132	62	267

23 楊晉豪
よう・しんごう
ヤン・ジンハオ
YANG CHIN HAO

内野手　23歳　5年目　右左　1998.9.16　175cm74kg

①高苑工商-富邦(17)③17年のドラ1は二軍で着実に経験を積むも、一軍では攻守のレベルの高さに苦しんでいる。今季は経験を結果に変える時だ。

年度	打率	試合	安打	本塁打	打点	盗塁	三振
2020	.167	21	9	1	4	1	18
通算	.200	50	27	2	11	1	34

24 陳凱倫
ちん・がいりん
チェン・カイルン
CHEN KAI LUN

内野手　34歳　10年目　右右　1987.10.31　173cm76kg

①桃園農工-開南大学-興農(12)-義大(13-16)-富邦(17)③前期は打率.069と絶不調で途中出場メインも、後期は打率.326。高い守備力と下位打線の火付け役としてチームに貢献する。

年度	打率	試合	安打	本塁打	打点	盗塁	三振
2020	.281	66	47	1	27	3	35
通算	.262	656	469	12	200	31	337

31 黃兆維
こう・ちょうい
ホァン・ジャオウェイ
HUANG CHAO WEI

● 内野手　20歳　2年目　右右　2001.11.3　185cm85kg

①平鎮高中-富邦(20)③フルスイングから放たれる長打が魅力の一塁手。中学と高校でキャプテンを務め、真面目な性格にも高い評価を受ける。

年度	打率	試合	安打	本塁打	打点	盗塁	三振
2020	-	-	-	-	-	-	-
通算	-	-	-	-	-	-	-

35 王正棠
おう・せいとう
ワン・ジェンタン
WANG CHENG TANG

内野手　26歳　4年目　右右　1995.9.17　177cm81kg

①穀保家商-台湾体大-富邦(18)③打撃が振るわず今一つ波に乗れなかった昨季。チームの二塁手争いから抜け出すためには打席でのアプローチを改善したい。

年度	打率	試合	安打	本塁打	打点	盗塁	三振
2020	.257	67	49	3	16	7	31
通算	.285	206	196	5	78	21	108

43 胡冠俞
こ・かんゆ
フー・グァンユ
HU KUAN YU

内野手　21歳　4年目　右右　2000.5.18　172cm72kg

①東大体中-富邦(18)③広い守備範囲とスムーズな動きを見せる遊撃手は二軍で57試合に出場。ただ李宗賢の壁は厚く、二塁でチャンスを見出せるか。

年度	打率	試合	安打	本塁打	打点	盗塁	三振
2020	-	-	-	-	-	-	-
通算	-	-	-	-	-	-	-

45 葉竹軒
よう・ちくけん
イェ・ジュージュエン
YEH CHU HSUAN

▲ 内野手　34歳　11年目　右右　1987.3.29　172cm84kg

①美和中学-国立体大-Lamigo(11-19)-楽天(20)-富邦(21)③昨年楽天を戦力外となり移籍。二軍ではリーグトップの打率.376、内外野全ポジションを守るなどユーティリティーぶりは健在だ。

年度	打率	試合	安打	本塁打	打点	盗塁	三振
2020	.000	6	0	0	0	1	2
通算	.247	350	171	9	82	47	185

46 范國宸
はん・こくしん
ファン・グォチェン
FAN KUO CHEN

内野手　27歳　5年目　右右　1994.11.25　183cm88kg

①平鎮高中-台湾体大-富邦(17)③昨季は三塁コンバートも失策が続き本職の一塁に戻った。対左投手に打率.354と左キラーぶりを発揮、今季も広角に長打を放つ。④APBC(17)

年度	打率	試合	安打	本塁打	打点	盗塁	三振
2020	.283	91	73	5	32	3	54
通算	.301	224	195	14	92	7	124

49 莊韋恩
そう・いおん
ジュアン・ウェイエン
CHUANG WEI EN

● 内野手　23歳　2年目　右右　1998.1.7　170cm57kg

①成徳高中 国立体大-富邦(20)③小柄な体格ながら広い守備範囲と俊足を武器に相手にプレッシャーを与える遊撃手は、安定感が身につけば面白い存在だ。

年度	打率	試合	安打	本塁打	打点	盗塁	三振
2020	-	-	-	-	-	-	-
通算	-	-	-	-	-	-	-

51 于森旭
う・しんきょく
ユ・センシュ
YU SEN HSU

内野手　29歳　7年目　右右　1992.12.27　178cm76kg

①成功商水-台湾体大-義大(15-16)-富邦(17)③内外野こなすユーティリティーは二軍で打率.370も、一軍で結果を残せず。同じタイプの葉竹軒が加入した今季は勝負の一年だ。④アジア大会(14)

年度	打率	試合	安打	本塁打	打点	盗塁	三振
2020	.192	29	10	0	6	1	11
通算	.248	277	150	2	66	17	142

背番号　漢字名　日本語読み　現地読み(国籍)　英語　　ポジション　年齢　年数(CPBL)　投打　生年月日　身長体重
①経歴②タイトル歴③寸評④代表歴⑤NPBでの登録名　　記号:●…新入団(新任)、▲…移籍、■…復帰

64 林威廷
りん・いてい
リン・ウェイティン
LIN WEI TING

内野手　32歳　8年目　右右　1989.8.16　177cm83kg

①平鎮高中-国立体大-義大(14-16)-富邦(17)③16年に13HR&21盗塁をマークも、近年は故障や不振が続き一軍での出場機会が激減。今季は勝負の一年となる。

年度	打率	試合	安打	本塁打	打点	盗塁	三振
2020	.000	2	0	0	0	0	1
通算	.281	383	341	20	148	49	267

67 辛元旭
しん・げんきょく
シン・ユエンシュ
HSIN YUAN HSU

内野手　22歳　3年目　右右　1999.6.4　178cm76kg

①平鎮高中-台北市立大学-富邦(19)③6月に一軍昇格を果たすと広角に打ち分ける打撃と安定感ある守備を見せた。攻守のバランスが取れた三塁手として今後に期待大だ。

年度	打率	試合	安打	本塁打	打点	盗塁	三振
2020	.301	56	49	1	11	0	24
通算	.301	56	49	1	11	0	24

76 周奕丞
しゅう・やくじょう
ジョウ・イーチェン
CHOU YI CHENG

● 内野手　24歳　2年目　右右　1997.11.6　178cm80kg

①福岡第一高-台東大学-富邦(20)③高校時代日本に野球留学。二塁、三塁、遊撃を守れるユーティリティー性と俊足を活かした積極的な走塁が持ち味だ。

年度	打率	試合	安打	本塁打	打点	盗塁	三振
2020	-	-	-	-	-	-	-
通算	-	-	-	-	-	-	-

83 楊瑞承
よう・ずいしょう
ヤン・ルイチェン
YANG JUI CHENG

▲ 内野手　28歳　3年目　右左　1993.10.4　183cm90kg

①台中高農-台湾体大-Lamigo(19)-楽天(20)-富邦(21)③頼鴻誠の補償選手として楽天から移籍。失投を逃さないパワーヒッターは、変化球への対応力が向上すれば新天地で大化けの可能性がある。

年度	打率	試合	安打	本塁打	打点	盗塁	三振
2020	.345	21	19	3	9	0	18
通算	.333	22	19	3	9	0	20

6 張正偉
ちょう・せいい
ジャン・ジェンウェイ
MALO IPONG

外野手　35歳　12年目　左左　1986.8.5　174cm74kg

①台東体中-開南大学-兄弟(10-13)-中信兄弟(14-17)-富邦(18)②首(11)、盗(11)、べ(10,11,12,13,14,15,17)、ゴ(10,14)③昨季は対左投手に打率.148と苦しみ、自己最少の出場試合数。選球眼とバットコントロールに長けた安打製造機は復活なるか。④WBC(13,17)

年度	打率	試合	安打	本塁打	打点	盗塁	三振
2020	.297	65	58	2	20	5	42
通算	.324	1127	1396	15	393	146	509

7 陳真
ちん・しん
チェン・ジェン
CHEN ZHEN

● 外野手　23歳　2年目　右右　1998.10.22　185cm85kg

①穀保家商-中国文化大学-富邦(20)③大学時代に長打力が急成長したフルスイングが持ち味のパワーヒッターは、即戦力の外野手としてレギュラー争いに加わる。

年度	打率	試合	安打	本塁打	打点	盗塁	三振
2020	-	-	-	-	-	-	-
通算	-	-	-	-	-	-	-

15 胡金龍
こ・きんりゅう
フー・ジンロン
HU CHIN LUNG

外野手　37歳　9年目　右右　1984.2.2　180cm86kg

①南英商工-国立体院-ドジャース・メッツ・インディアンス・米独立L-義大(13-16)-富邦(17)②首(14,15)、べ(14,18,19)③リーグ屈指の巧打者は昨年6月に監督批判をSNSに投稿したことが発覚し、以降球団から出場停止処分。今季も出場は不透明だ。④アジア大会(06,10)、WBC(06,17)、プレミア12(19)

年度	打率	試合	安打	本塁打	打点	盗塁	三振
2020	.310	41	49	6	31	5	21
通算	**.353**	741	1042	80	466	70	284

29 申皓瑋
しん・こうい
シェン・ハオウェイ
SHEN HAO WEI

外野手　24歳　6年目　右右　1997.9.12　183cm75kg

①高苑工商-義大(16)-富邦(17)③主力の離脱でチャンスを掴み、華麗な守備と長打力を披露。課題の三振の多さを克服できれば、レギュラーも狙える。④アジア大会(18)

年度	打率	試合	安打	本塁打	打点	盗塁	三振
2020	.279	78	64	8	27	6	72
通算	.261	191	138	13	59	10	176

32 高孝儀
こう・こうぎ
ガオ・シャオイ
KAO HSIAO YI

外野手　31歳　8年目　右右　1990.5.29　176cm81kg

①穀保家商-中国文化大学-義大(14-16)-富邦(17)③昨季は一軍での出番は二軍での調整が続いたが、10月に打率.407と最終盤に活躍。走攻守そつなくこなす、ベンチにいると心強い存在だ。

年度	打率	試合	安打	本塁打	打点	盗塁	三振
2020	.333	35	37	2	14	4	20
通算	.293	391	348	14	135	33	196

33 張冠廷
ちょう・かんてい
ジャン・グァンティン
CHANG KUAN TING

● 外野手　23歳　6年目　右右　1998.9.1　178cm70kg

①美和中学-義大(16)-富邦(17)③捕手として入団も、打力を買われた昨季は二軍で主に外野手として出場し12HR、一軍でもプロ初安打。今季は一軍で飛躍したい。

年度	打率	試合	安打	本塁打	打点	盗塁	三振
2020	.125	5	1	0	0	0	3
通算	.067	10	1	0	0	0	8

62 林奕豪
りん・やくごう
リン・イーハオ
LIN YI HAO

外野手　21歳　3年目　右右　2000.10.30　180cm68kg

①穀保家商-富邦(19)③昨季は二軍で途中出場メインに41試合に出場。三振が多く守備も粗削りだが、左のパワーヒッターとなるポテンシャルを秘める。

年度	打率	試合	安打	本塁打	打点	盗塁	三振
2020	-	-	-	-	-	-	-
通算	-	-	-	-	-	-	-

65 戴云真
たい・うんしん
ダイ・ユンジェン
TAI YUN CHEN

外野手　24歳　3年目　右右　1997.4.20　183cm80kg

①中道中学-中国文化大学-富邦(19)③大学までは外野手も、昨季は二軍で主に一塁手として57試合に出場。持ち味であるパワーと走力の片鱗を見せた。

年度	打率	試合	安打	本塁打	打点	盗塁	三振
2020	-	-	-	-	-	-	-
通算	-	-	-	-	-	-	-

84 王詩聰
おう・しそう
ワン・シーツォン
WANG SHIH TSUNG

外野手　26歳　4年目　右右　1995.8.8　187cm80kg

①桃園農工-国立体大-富邦(18)③大柄な左の長距離砲は昨季二軍でリーグ4位の14HR、一軍で初安打初打点も記録。課題の外野守備を鍛えてチャンスを伺う。

年度	打率	試合	安打	本塁打	打点	盗塁	三振
2020	.077	7	1	0	1	0	6
通算	.077	7	1	0	1	0	6

98 高國麟
こう・こくりん
ガオ・グォリン
KAO KUO LIN

外野手　28歳　7年目　右右　1993.1.2　183cm92kg

①高苑工商-国立体大-義大(15-16)-富邦(17)③外野手に専念した昨季、才能が開花し自己最多のHR数。7月18日の楽天戦では兄の高國輝とリーグ史上初の「兄弟で二者連続本塁打」を達成した。

年度	打率	試合	安打	本塁打	打点	盗塁	三振
2020	.287	95	85	16	49	1	74
通算	.282	325	264	43	157	3	239

主な獲得タイトル
（　）内はNPBでの該当タイトル名

M=年度MVP　　　（最優秀選手）
新=最佳新人獎　　（新人王）
首=打撃王　　　　（首位打者）
本=全壘打王　　　（最多本塁打）
点=打點王　　　　（最多打点）
盗=盗壘王　　　　（最多盗塁）
防=防御率王　　　（最優秀防御率）
勝=勝投王　　　　（最多勝利）
救=救援王　　　　（最多セーブ）
中=中繼王　　　　（最優秀中継ぎ）
三=三振王　　　　（最多奪三振）
ベ=最佳十人獎　　（ベストナイン）
ゴ=金手套獎　　　（ゴールデングラブ賞）

※成績の太字はリーグトップ

富邦ガーディアンズ　フーバン ハンジャン

背番号　漢字名　日本語読み　現地読み(国籍)　英語　　ポジション　年齢　年数(CPBL)　投打　生年月日　身長体重
①経歴②タイトル歴③寸評④代表歴⑤NPBでの登録名　　記号：●…新入団(新任)、▲…移籍、■…復帰

column

台湾初の人工芝球場が誕生！

台北市北部のおしゃれスポット、天母に立地する天母棒球場は、昨年から改修が行われ、台湾唯一の人工芝球場に生まれ変わった。今季から一軍に参入した味全ドラゴンズの本拠地となった「新生」天母棒球場では、今季開幕前にさらなる改修が行われ、内野一、三塁のベンチ上部にチアガールの為のステージが設けられたほか、外野スタンド部分に、グループ向けの芝生席「外野ピクニックエリア」が新設された。また、球場正面の外壁には、ペットマークやスローガン、主力選手が描かれた巨大バナーを掲出、試合開催日にはのぼり旗も掲げられる。そして、一階のチケット売り場脇にはグッズショップも新たにオープン、すっかり味全のホームスタジアムらしく変貌を遂げた。

味全ドラゴンズ
味全龍

味全 ドラゴンズ
ウェイチュエン ロン

球団情報

共享棒球股份有限公司
創立：2019年5月13日　GM：任中傑（代行）　本拠地：台北市立天母棒球場
球団事務所：台北市松山區民生東路三段100號12樓　TEL：02-2712-9111
https://www.wdragons.com/CWS

※今季は台北市立天母棒球場を中心にホームゲームを開催予定。2022年は現在改修中の新竹市中正棒球場が本拠地となる見込み。

2020年シーズン回顧と 2021年の展望

　二軍からのスタートとなった昨季。若い投手が中心で、先発は長いイニングを投げず細かな継投でシーズンを戦い抜き、失点はリーグ最少だった。打線では劉基鴻、黃柏豪の若き長距離砲を軸に、二桁盗塁6人の機動力でかき回し、得点はリーグ2位。公式戦で1位となると二軍チャンピオンシップでは4連覇中の中信兄弟を退け、頂点に立った。

　一軍参入の今季は、投手陣では昨年のドラ1・王維中にエースの活躍が期待され、他球団よりも一人多い外国人枠を活かし先発に布里惇、鋼龍、伍鐸から2人が入り、抑えに田澤純一が控える。ここに若手救援陣が実力を発揮できると面白い。一方野手は一軍でどこまで長打力を発揮できるかが未知数。拡大ドラフトで加入した劉時豪や吳東融といった一軍経験豊富な中堅選手の活躍も必要不可欠だ。

　フレッシュな顔触れで久しぶりの一軍を迎えるかつての古豪は、まず最下位回避が一つの目標となる。

Home　　　Visitor

マスコット
威弟

チアリーダー
Go Beauties小龍女

		年度別成績					
年度	順位		チーム名	試合	勝	敗	分	勝率
1990	★	1	味全ドラゴンズ	90	52	34	4	0.605
1991		2	味全ドラゴンズ	90	46	36	8	0.561
1992		2	味全ドラゴンズ	90	41	42	7	0.494
1993		3	味全ドラゴンズ	90	48	40	2	0.545
1994		5	味全ドラゴンズ	90	36	52	2	0.409
1995		5	味全ドラゴンズ	100	47	52	1	0.475
1996		3	味全ドラゴンズ	100	55	43	2	0.561
1997	★	4	味全ドラゴンズ	96	46	46	4	0.500
1998	★	3	味全ドラゴンズ	105	56	48	1	0.538
1999	★	3	味全ドラゴンズ	92	49	39	4	0.557
通算				943	476	432	35	0.524

球団小史■台湾プロ野球発足時の4球団のうちの一つ。1990年、初年度の台湾チャンピオンに輝き、1997年から1999年にかけては名将、徐生明監督の下、リーグ3連覇を果たすも、チームはその直後、経営難を理由に解散した。20年後の2019年、親会社の頂新グループは味全ドラゴンズの再加盟を発表、同5月、リーグに正式に承認され「復活」が決定した。昨年2020年は二軍に参入、公式戦、チャンピオンシップで共に優勝。今季は22年ぶりの一軍参入となる。

高級住宅街の球場は唯一の人工芝

台北市立天母棒球場

たいぺいしりつてんぼきゅうじょう
タイペイシーリー ティエンムー バンチョウチャン

住所：台北市士林區忠誠路二段77號
TEL：02-2873-6548
収容人員：10,000人
人工芝
中堅：122m（400ft）　両翼：99m（325ft）

デパートの前に立地

台北中心部の北、約8kmに位置する天母は、閑静な住宅街。外国人居住者が多いことでも知られている。また、おしゃれなお店やカフェが多く、週末にはショッピングを楽しむ人でにぎわう街だ。1999年に竣工した天母棒球場は、大葉高島屋、新光三越などの大手百貨店の近隣にあり、周囲の街並みは高級感が漂っている。2020年、台湾唯一の人工芝球場に生まれ変わると、さらに今季から一軍に参入する味全ドラゴンズの本拠地の一つに選ばれ、大規模な改修も行われた。週末に試合が組まれる上、座席数も少ないので、チケットの売り切れには注意したい。

外野にグループ向け芝生席誕生

改修を経て、内野一、三塁のベンチ上部にはチアガールの為のステージが誕生したほか、これまで座席がなかった外野スタンド部分に、グループ向けの芝生席「外野ピクニックエリア」が新設された。球場正面の大葉高島屋には日系の外食チェーンも複数出店している。

台北市立天母棒球場　周辺地図

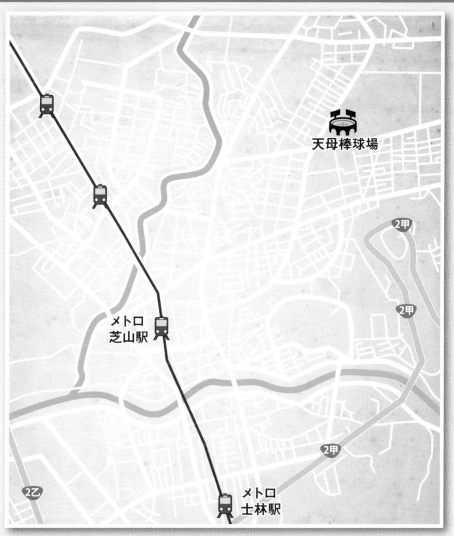

天母棒球場

メトロ
芝山駅

メトロ
士林駅

2甲

2甲

2甲

2乙

アクセス

要チェック!!

天母棒球場は、MRTの各駅から距離がありますが、複数のバス路線が球場近くを走っているので、それらが滞在先近くを通っているか探してみると良いでしょう。

台北駅から最寄駅へ
・台北メトロ(MRT)淡水信義線に乗り、士林駅または芝山駅で下車。
　各駅まで所要時間10〜12分。

芝山駅（最寄り駅）から球場へ
・試合開催時、無料送迎バス（「棒球専車」と表記）あり。または616
　バスなどで、天母棒球場下車、約15分。タクシーで約10分（約1.7km）。

士林駅（最寄り駅）から球場へ
・紅12バスで、天母棒球場下車、約15分。

味全ドラゴンズ　ウェイチュエン ロン

雲林縣立斗六棒球場
うんりんけんりつとろくきゅうじょう
ユンリンシェンリー　ドウリョウ　バンチョウチャン

住所：雲林縣斗六市明德北路二段320號
TEL：05-551-1171
収容人員：15,000人
天然芝
中堅：122m（400ft）　両翼：101m（330ft）

斗六駅から徒歩でアクセス可能

台北の南西、約180kmにある斗六は雲林県にある人口11万人弱の街。ブンタンの産地として知られている。斗六棒球場は斗六駅から徒歩圏内と訪れやすい場所にある。この球場は雲林県政府が国体を主催するために建設した球場で、2005年に竣工。同年9月にプロ野球公式戦が初開催された。15,000人が収容可能で、台湾で内野2階席がある球場はこの球場が5番目となる。2019年、リーグに復帰した味全ドラゴンズのファーム本拠地となり、今季は味全主催ゲームとして、4年ぶりに一軍公式戦も開催される。

雲林縣立斗六棒球場　周辺地図&アクセス

台北から斗六市内へ
・在来線(台鉄)で約3時間。
・高速鉄道（高鉄）で高鉄雲林駅まで約1時間30分、高鉄雲林駅から市中心部の台鉄斗六駅へはBRTバス（雲林科技大學方面行き）で約30分。その他に高速バスのルートもあり。
台鉄斗六駅（最寄り駅）から
・徒歩約15分（約1.2km）

雲林縣立斗六棒球場

台鉄斗六駅

27 葉君璋 よう・くんしょう／イェ・ジュンジャン／YEH CHUN CHANG
監督 49歳 23年目 右右 1972.10.25 177cm85kg

①中華中学-中国文化大学-味全(96-99)-興農(00-09)-兄弟(10-11)-義大監督(15-16)-富邦監督(17-18)-味全監督(19)②ベ(00,01,02)、ゴ(00,01,02)④アテネ五輪(04)、北京五輪(08)、WBC(06)、アジア大会(94,06)

86 陳志偉 ちん・しい／チェン・ジーウェイ／CHEN CHIH WEI
ヘッドコーチ 40歳 11年目 右右 1981.3.18 179cm88kg

①台東農工-興農(06-12)-義大(13)-味全コーチ(19)

82 希伯特 グレッグ・ヒバード／シーボーテ(アメリカ合衆国)／GREG HIBBARD
●投手コーチ 57歳 1年目 左左 1964.9.13 181cm86kg

①アラバマ大-ロイヤルズ-ホワイトソックス-カブス-マリナーズ-味全コーチ(21)

91 郭勝安 かく・しょうあん／グォ・シェンアン／KUO SHENG AN
ブルペンコーチ 35歳 8年目 右右 1986.1.1 191cm82kg
①高苑工商-国立体院-ロッキーズ-米独立L-Lamigo(14-15)-義大(16)-富邦(17-18)-味全コーチ(19)

49 張泰山 ちょう・たいさん／ジャン・タイシャン／CHANG TAI SHAN
打撃コーチ 45歳 23年目 右右 1976.10.31 175cm88kg

①美和中学-味全(96-99)-興農(00-10)-統一(11-15)-四国IL・徳島-味全コーチ(19)②M(03)、新(96)、本(03,04,06)、点(99,04,12,13)、ベ(98,99,00,01,03,04,06,10,11,12)、ゴ(98,99,00,01)④アテネ五輪(04)、北京五輪(08)、WBC(06)、アジア大会(98,06,10)

70 高須洋介 たかす・ようすけ／ガオシュ・ヤンジェ(日本)／TAKASU YOSUKE
内野守備コーチ 45歳 2年目 右右 1976.2.9 170cm73kg

①金沢高-青山学院大-近鉄-東北楽天-BCL・新潟-DeNAコーチ-東北楽天コーチ-味全コーチ(20)⑤高須洋介

79 林宗男 りん・そうなん／リン・ゾンナン／LIN TSUNG NAN
●内野守備コーチ 40歳 15年目 右右 1981.12.4 172cm76kg

①高苑工商-興農(06-12)-義大(13-16)-富邦コーチ(17-19)-味全コーチ(21)

66 張建銘 ちょう・けんめい／ジャン・ジェンミン／CHANG CHIEN MING
外野守備兼走塁コーチ 41歳 18年目 左右 1980.7.27 176cm75kg

①中華中学-台北体院-興農(04-12)-義大(13-16)-富邦(17-19)-味全コーチ(20)②ベ(05,09,13,15)、ゴ(06,09,10,13,14)④北京五輪(08)、WBC(06,13)、アジア大会(06,10)、プレミア12(15)

97 邱世杰 きゅう・せけつ／チョウ・シージェ／CHIU SHIH CHIEH
トレーニングコーチ 29歳 3年目 右右 1992.10.26 180cm78kg

①桃園高中-台湾師範大学-味全コーチ(19)

8 黃熐隆 こう・けいりゅう／ホァン・ジョンロン／HUANG CHIUNG LUNG
二軍監督 58歳 25年目 左左 1963.9.20 175cm80kg

①華興中学-輔仁大学-味全(90-99)-TML・年代電公(00)-TML・誠泰太陽コーチ(01-02)-中信コーチ(04-08)-興農コーチ(09-10)-義大コーチ(13-14)-味全コーチ(19)②ベ(98)、ゴ(93,97)④ソウル五輪(88)、アジア大会(98)

54 林瑋恩 りん・いおん／リン・ウェイエン／LIN WEI EN
二軍ヘッドコーチ兼内野守備コーチ 33歳 9年目 右右 1988.3.22 177cm72kg

①強恕中学-台北体院-興農(12)-義大(13-16)-富邦(17-18)-味全(20)-味全コーチ(20)②ゴ(13)

89 蕭一傑 しょう・いっけつ／シャオ・イジェ／HSIAO YI CHIEH
二軍投手コーチ 35歳 7年目 右右 1986.1.2 180cm87kg

①日南学園高-奈良産業大-阪神-ソフトバンク-義大(14-16)-富邦(17-18)-味全コーチ(20)④アジア大会(10)⑤蕭一傑

92 黃亦志 こう・えきし／ホァン・イージ／HUANG YI CHIH
▲二軍投手コーチ補佐 29歳 7年目 右右 1992.6.1 183cm80kg
①平鎮高中-輔仁大学-義大(15-16)-富邦(17-20)-味全コーチ(21)

43 張立帆 ちょう・りつはん／ジャン・リーファン／CHANG LI FAN
二軍臨時投手コーチ 31歳 6年目 右右 1990.10.31 189cm99kg
①仰徳高中-マリナーズ-統一(14-15)-義大(16)-味全コーチ(19)

62 吳宗峻 ご・そうしゅん／ウー・ゾンジュン／WU TSUNG CHUN
二軍打撃コーチ 37歳 12年目 右右 1984.12.31 170cm95kg
①南英商工-国立体院-興農(10-12)-義大(13-16)-富邦(17-18)-味全(19-20)-味全コーチ(20)

96 蘇柏豪 そ・はくごう／ス・ボーハオ／SU PO HAO
二軍打撃コーチ補佐 22歳 3年目 右右 1999.3.8 180cm78kg
①グレンデールコミュニティカレッジ-味全コーチ(19)

94 彭立堯 ほう・りつぎょう／ポン・リーヤオ／PENG LI YAO
二軍トレーニングコーチ 27歳 2年目 右右 1994.11.10 176cm73kg

①仰徳高中-高雄大学-台湾師範大学-味全コーチ(20)

24 尼爾托 トム・ニエト／ニアルト(アメリカ合衆国)／TOM NIETO
二軍テクニカルコーチ 61歳 3年目 右右 1960.10.27 185cm102kg

①オーラルロバーツ大-カージナルス-エクスポズ-ツインズ-フィリーズ-カージナルス-統一コーチ(19)-味全コーチ(20)

16　王維中

おう・いちゅう
ワン・ウェイジョン
WANG WEI CHUNG

●投手　29歳　2年目
左左　1992.4.25　188cm83km

①華徳工家-台湾体院-パイレーツ-ブルワーズ-韓国・NC-アスレチックス-パイレーツ-味全(20)③MLBや韓国でも活躍した20年ドラフト全体1位指名投手。左腕から放たれる150キロを超える速球と高速スライダーは切れ味抜群。新球団のエースとして大きな期待を背負い、CPBL1年目に臨む。球界屈指のイケメン選手としても名高い。

年度	チーム	防御率	試合	勝利	敗戦	セーブ	投球回	安打	四球	三振
2014		-	-	-	-	-	-	-	-	-
2015		-	-	-	-	-	-	-	-	-
2016		-	-	-	-	-	-	-	-	-
2017		-	-	-	-	-	-	-	-	-
2018		-	-	-	-	-	-	-	-	-
2019		-	-	-	-	-	-	-	-	-
2020		-	-	-	-	-	-	-	-	-
通算		-	-	-	-	-	-	-	-	-

18　徐若熙

じょ・じゃくき
シュ・ルォシ
HSU JO HSI

投手　21歳　3年目
右右　2000.11.1　177cm76kg

①平鎮高中-味全(19)③最速157キロを誇る未来のエース候補。故障の影響でシーズンでは2登板のみだったが、二軍の台湾シリーズでは150キロを超える速球を連発してファンの度肝を抜いた。決め球のスプリットチェンジも必殺の威力を誇る。

年度	チーム	防御率	試合	勝利	敗戦	セーブ	投球回	安打	四球	三振
2014		-	-	-	-	-	-	-	-	-
2015		-	-	-	-	-	-	-	-	-
2016		-	-	-	-	-	-	-	-	-
2017		-	-	-	-	-	-	-	-	-
2018		-	-	-	-	-	-	-	-	-
2019		-	-	-	-	-	-	-	-	-
2020	味全	-	-	-	-	-	-	-	-	-
通算		-	-	-	-	-	-	-	-	-

0　游宗儒

ゆう・そうじゅ
ヨウ・ゾンルー
YU TSUNG JU

投手　29歳　7年目　右右　1992.5.21　181cm67kg

①平鎮高中-萬能科技大学-Lamigo(15-18)-味全(20)③18年には中国リーグでもプレーしたサイドスロー。昨季は140キロ後半のクセ球を武器に二軍最多の9勝を挙げた。

年度	防御率	試合	勝利	敗戦	セーブ	投球回	三振
2020	9.13	46	3	-	-	47.1	22
通算	9.13	46	3	-	-	47.1	22

7　森榮鴻

しん・えいこう
セン・ロンホン
SEN JUNG HUNG

投手　27歳　3年目　右右　1994.8.20　185cm82kg

①平鎮高中-国立体大-味全(19)③150キロを超える速球が武器のリリーバー。1年目は過去の故障の多さから連投を制限されたが、今季はフル回転に期待。

年度	防御率	試合	勝利	敗戦	セーブ	投球回	三振
2020	-	-	-	-	-	-	-
通算	-	-	-	-	-	-	-

11　李宇翔

り・うしょう
リ・ユーシャン
LI YU HSIANG

投手　24歳　3年目　右右　1997.5.7　175cm71kg

①桃園農工-国立体大-味全(19)③最速146キロの速球派右腕も、1年目は公式戦での登板0に終わった。まずは二軍でリリーフとして実力を示したい。

年度	防御率	試合	勝利	敗戦	セーブ	投球回	三振
2020	-	-	-	-	-	-	-
通算	-	-	-	-	-	-	-

14　劉宇鈞

りゅう・うきん
リョウ・ユージュン
LIU YU CHUN

投手　23歳　3年目　右右　1998.6.27　177cm75kg

①開南大学-味全(19)③中国・江蘇のMLB育成センターからCPBL入りした初めての選手。スプリットを軸に打者のタイミングを外す投球が売りだ。

年度	防御率	試合	勝利	敗戦	セーブ	投球回	三振
2020	-	-	-	-	-	-	-
通算	-	-	-	-	-	-	-

15　歐耀宗

おう・やくそう
オウ・ヤオゾン
OU YAO TSUNG

投手　29歳　7年目　右右　1992.5.15　178cm68kg

①台中高農-国立体大-中信兄弟(15-18)-味全(19)③右肩関節唇損傷の大怪我からこの春見事に復活を遂げた。最速148キロの速球を武器に、4年ぶりの一軍登板を目指す。

年度	防御率	試合	勝利	敗戦	セーブ	投球回	三振
2020	21.21	5	0	0	-	4.2	1
通算	21.21	5	0	0	-	4.2	1

17　郭郁政

かく・いくせい
グォ・ユージェン
KUO YU CHENG

投手　24歳　3年目　右右　1997.12.1　187cm94kg

①普門中学-南華大学-味全(19)③昨季はチーム最多の25試合に先発し、6勝を挙げた。新球ツーシームを武器に、一軍での二桁勝利を目標に掲げる。

年度	防御率	試合	勝利	敗戦	セーブ	投球回	三振
2020	-	-	-	-	-	-	-
通算	-	-	-	-	-	-	-

31 劉家愷
りゅう・かかい
リョウ・ジャーカイ
LIU CHIA KAI

投手　27歳　6年目
左左　1994.3.25　181cm90kg

①西苑中学-台湾体大-義大(16)-富邦(17-18)-味全(19)③16〜18年に外野手としてプレーも一軍出場は2試合のみ。しかし味全龍加入後に投手転向すると、リリーフ専任ながら二軍最多の9勝を挙げた。キム・グァンヒョン似のフォームから繰り出す速球は、左打者に威力を発揮する。

年度	チーム	防御率	試合	勝利	敗戦	セーブ	投球回	安打	四球	三振
2014	-	-	-	-	-	-	-	-	-	-
2015	-	-	-	-	-	-	-	-	-	-
2016	義大	-	-	-	-	-	-	-	-	-
2017	富邦	-	-	-	-	-	-	-	-	-
2018	富邦	-	-	-	-	-	-	-	-	-
2019	富邦	-	-	-	-	-	-	-	-	-
2020	味全	-	-	-	-	-	-	-	-	-
通算		-	-	-	-	-	-	-	-	-

95 田澤純一
たざわ・じゅんいち
ティエンゼ・チュンイ
TAZAWA JUNICHI

● 投手　35歳　1年目
右右　1986.6.6　180cm82kg

①横浜商科大学高-ENEOS-レッドソックス-マーリンズ-タイガース-エンゼルス-カブス-レッズ-BCL・埼玉武蔵-味全(21)③MLB通算388登板の超大物が台湾球界入り。13年には71登板、25ホールドの活躍で上原浩治と共にレッドソックスの世界一に貢献した。伝家の宝刀スプリットと経験を武器に、新天地では絶対的守護神として期待される。

年度	チーム	防御率	試合	勝利	敗戦	セーブ	投球回	安打	四球	三振
2014		-	-	-	-	-	-	-	-	-
2015		-	-	-	-	-	-	-	-	-
2016		-	-	-	-	-	-	-	-	-
2017		-	-	-	-	-	-	-	-	-
2018		-	-	-	-	-	-	-	-	-
2019		-	-	-	-	-	-	-	-	-
2020		-	-	-	-	-	-	-	-	-
通算		-	-	-	-	-	-	-	-	-

19 羅嘉仁
ら・かじん
ルオ・ジャーレン
LO CHIA JEN

投手　35歳　8年目　右右　1986.4.7　180cm90kg

①善化高中-中国文化大学-アストロズ-義大(14-16)-富邦(17-19)-味全(20)③MLB経験もあるかつての抑え投手は、昨季途中に先発へ転向。重い速球とカーブをテンポよく投げ込み、ローテ入りを目指す。④北京五輪(08)、WBC(09)、アジア大会(14)、プレミア12(15)

年度	防御率	試合	勝利	敗戦	セーブ	投球回	三振
2020	-	-	-	-	-	-	-
通算	5.25	94	6	6	15	84	67

20 呉俊杰
ご・しゅんけつ
ウー・ジュンジェ
WU CHUN CHIEH

投手　25歳　3年目　右右　1996.11.7　190cm80kg

①花蓮体中-開南大学-味全(19)③大学時代は大きな変化球と伸びのある速球でWBC代表候補にも選ばれたが、プロ入り後は不調が続く。かつての輝きを取り戻したい。

年度	防御率	試合	勝利	敗戦	セーブ	投球回	三振
2020	-	-	-	-	-	-	-
通算	-	-	-	-	-	-	-

26 蔡明憲
さい・めいけん
ツァイ・ミンシェン
TSAI MING HSIEN

投手　23歳　3年目　右右　1998.11.29　184cm74kg

①漢英高中-南華大学-味全(19)③大きなチェンジアップが武器の右腕。速球は140キロ前後とスピードは無いが、緩急を活かした投球術で打者を惑わせる。

年度	防御率	試合	勝利	敗戦	セーブ	投球回	三振
2020	-	-	-	-	-	-	-
通算	-	-	-	-	-	-	-

29 荘玉彬
そう・ぎょくひん
ジュアン・ユビン
CHUANG YU PIN

投手　20歳　3年目　右右　2001.5.29　172cm69kg

①美和中学-味全(19)③速球でストライクゾーンを積極的に攻める強気の投球が武器の右腕。課題の変化球を磨き、まずは二軍のローテを掴みたい。

年度	防御率	試合	勝利	敗戦	セーブ	投球回	三振
2020	-	-	-	-	-	-	-
通算	-	-	-	-	-	-	-

30 廖任磊
りょう・にんらい
リョウ・レンレイ
LIAO JEN LEI

● 投手　28歳　2年目　右右　1993.8.30　201cm125kg

①岡山共生高-開南大学-パイレーツ-巨人-西武-味全(20)③巨人、西武でもプレーした超大型リリーバー。制球は不安定も、台湾人選手最長身の201cmから投げ下ろす速球は威力十分だ。⑤廖任磊

年度	防御率	試合	勝利	敗戦	セーブ	投球回	三振
2020	-	-	-	-	-	-	-
通算	-	-	-	-	-	-	-

32 陳良志
ちん・りょうし
チェン・リャンジ
CHEN LIANG CHIH

投手　24歳　3年目　右右　1997.4.30　177cm69kg

①高苑工商-遠東科技大学-味全(19)③緩急が武器のサブマリン投手だが、プロ1年目はコントロールを乱し苦戦。制球磨き、ブルペンのアクセントになりたい。

年度	防御率	試合	勝利	敗戦	セーブ	投球回	三振
2020	-	-	-	-	-	-	-
通算	-	-	-	-	-	-	-

10 黄柏豪

こう・はくごう
ホァン・ボーハオ
HUANG PO HAO

内野手　25歳　3年目
右左　1996.9.14　178cm95kg

①高苑工商-輔仁大学-味全(19)③ドラフトでは16巡目の下位指名も、主に5番打者として打率.342、16HR、73打点と活躍し、本塁打王のタイトルを獲得。今季は腕の骨のひびの影響で開幕には間に合わないが、貴重な大砲として一軍でも活躍に期待大だ。

年度	チーム	打率	試合	打数	安打	本塁打	打点	盗塁	四球	三振
2014	-	-	-	-	-	-	-	-	-	-
2015	-	-	-	-	-	-	-	-	-	-
2016	-	-	-	-	-	-	-	-	-	-
2017	-	-	-	-	-	-	-	-	-	-
2018	-	-	-	-	-	-	-	-	-	-
2019	-	-	-	-	-	-	-	-	-	-
2020	味全	-	-	-	-	-	-	-	-	-
通算		-	-	-	-	-	-	-	-	-

46 劉基鴻

りゅう・きこう
リョウ・ジーホン
LIU CHI HUNG

内野手　21歳　3年目
右右　2000.11.3　180cm88kg

①平鎮高中-味全(19)③19年のドラフト全体1位で指名された若き三塁手は、主に4番に座り打率.343 15HR 75打点で二軍の打点王のタイトルを獲得、チームの期待に応えた。豪快なスイングでスターへの道を歩み出す。

年度	チーム	打率	試合	打数	安打	本塁打	打点	盗塁	四球	三振
2014	-	-	-	-	-	-	-	-	-	-
2015	-	-	-	-	-	-	-	-	-	-
2016	-	-	-	-	-	-	-	-	-	-
2017	-	-	-	-	-	-	-	-	-	-
2018	-	-	-	-	-	-	-	-	-	-
2019	-	-	-	-	-	-	-	-	-	-
2020	味全	-	-	-	-	-	-	-	-	-
通算		-	-	-	-	-	-	-	-	-

37 曹維揚

そう・いよう
ツァオ・ウェイヤン
TSAO WEI YANG

投手　25歳　3年目　右右　1996.2.23　183cm77kg

①屏東高中-台湾体大-味全(19)③二軍では34登板で2セーブを挙げたが、防御率9.64と結果を残せず。今季はトルネード投法を諦め、安定感向上を目指す。

年度	防御率	試合	勝利	敗戦	セーブ	投球回	三振
2020	-	-	-	-	-	-	-
通算	-	-	-	-	-	-	-

39 呂偉晟

ろ・いせい
ル・ウェイチェン
LU WEI CHENG

投手　22歳　3年目　右右　1999.7.10　192cm80kg

①美和中学-美和科技大学-味全(19)③150キロを超える速球を武器に二軍最多の54試合に登板、12セーブを挙げた。カーブの精度を高めてセットアッパーを担う。

年度	防御率	試合	勝利	敗戦	セーブ	投球回	三振
2020	-	-	-	-	-	-	-
通算	-	-	-	-	-	-	-

40 呂詠臻

ろ・えいしん
ル・ヨンジェン
LU YUNG CHEN

●投手　23歳　2年目　右右　1998.12.24　179cm74kg

①榖保家商-台湾体大-味全(20)③名門大学のエースとして活躍したイケメン右腕。完成度の高さと落ち着いたマウンド捌きは評価が高く、1年目から活躍に期待。

年度	防御率	試合	勝利	敗戦	セーブ	投球回	三振
2020	-	-	-	-	-	-	-
通算	-	-	-	-	-	-	-

41 廖文揚

りょう・ぶんよう
リャオ・ウェンヤン
LIAO WEN YANG

投手　34歳　11年目　右右　1987.10.10　177cm81kg

①高苑工商-中国文化大学-統一(11-19)-味全(20)③通算202登板の頼れるベテラン右腕。カットボールをはじめとした多彩な変化球を武器に、今季もチームの屋台骨を支える。

年度	防御率	試合	勝利	敗戦	セーブ	投球回	三振
2020	-	-	-	-	-	-	-
通算	4.93	202	40	39	1	667	415

42 趙璟榮

ちょう・けいえい
ジャオ・ジンロン
CHAO CHING JUNG

●投手　23歳　2年目　右右　1998.6.12　181cm82kg

①高苑工商-高雄大学-味全(20)③140キロ中盤の速球を連発する社会人出身ルーキー。平均球速が高く武器になる変化球が身に付けば、一軍デビューが見えてくる。

年度	防御率	試合	勝利	敗戦	セーブ	投球回	三振
2020	-	-	-	-	-	-	-
通算	-	-	-	-	-	-	-

45 楊鈺翔

よう・ぎょくしょう
ヤン・ユーシャン
YANG YU HSIANG

●投手　19歳　2年目　右左　2002.7.5　187cm83kg

①普門中学-味全(20)③角度をつけて投げ下ろす伸びのある速球が売りの右腕。制球やスタミナは課題だが、素質は高いだけに大きく育てたい。

年度	防御率	試合	勝利	敗戦	セーブ	投球回	三振
2020	-	-	-	-	-	-	-
通算	-	-	-	-	-	-	-

67 呉東融

ご・とうゆう
ウー・ドンロン
WU TUNG JUNG

▲ 内野手　30歳　6年目
右左　1991.9.29　173cm72kg

①穀保家商-国立体大-中信兄弟(16-20)-味全(21)②べ(20)③拡大ドラフトで昨年中信兄弟から移籍。昨季は主に2番に入り、安定した二塁守備を見せ初のベストナインを獲得。リーグでも珍しいいぶし銀タイプの内野手は攻守で魅せる安定感を新天地でも発揮したい。

年度	チーム	打率	試合	打数	安打	本塁打	打点	盗塁	四球	三振
2014	-	-	-	-	-	-	-	-	-	-
2015	-	-	-	-	-	-	-	-	-	-
2016	中信兄弟	.207	15	29	6	1	4	1	7	7
2017	中信兄弟	.273	66	209	57	3	20	7	13	38
2018	中信兄弟	.255	44	94	24	1	10	2	7	22
2019	中信兄弟	.300	89	263	79	3	26	9	21	47
2020	中信兄弟	.288	87	243	70	2	17	9	11	55
通算		.282	301	838	236	10	77	28	59	169

1 林孝程

りん・こうてい
リン・シャオチェン
LIN HSIAO CHENG

外野手　22歳　3年目
右左　1999.11.30　172cm80kg

①高苑工商-南華大学-味全(19)③昨季は二軍の歴代新記録となる32盗塁と走りまくり、俊足の選手が揃うチームでもその走力は異彩を放った。また打率.365と高打率をマーク。今季は長打力を向上させ、一軍でも隙あらば次の塁を狙っていく。

年度	チーム	打率	試合	打数	安打	本塁打	打点	盗塁	四球	三振
2014	-	-	-	-	-	-	-	-	-	-
2015	-	-	-	-	-	-	-	-	-	-
2016	-	-	-	-	-	-	-	-	-	-
2017	-	-	-	-	-	-	-	-	-	-
2018	-	-	-	-	-	-	-	-	-	-
2019	-	-	-	-	-	-	-	-	-	-
2020	味全									
通算										

47 林政賢

りん・せいけん
リン・ジェンシェン
LIN CHENG HSIEN

投手　26歳　7年目　左左　1995.9.13　180cm90kg

①平鎮高中-中国文化大学-義大(15-16)-富邦(17-19)-味全(20)③ロングリリーフでの活躍が期待される、変則フォームが目を惹く左腕。新球カットボールを武器に3年ぶりの一軍で活躍だ。④APBC(17)、アジア大会(18)

年度	防御率	試合	勝利	敗戦	セーブ	投球回	三振
2020							
通算	4.79	33	5	7	0	124	101

48 林逸達

りん・いつたつ
リン・イーダ
LIN YI TA

● 投手　21歳　2年目　右右　2000.12.26　185cm99kg

①高苑工商-台湾体大-味全(20)③フォーク、チェンジアップと落ちる球の評価が高い即戦力ルーキー。ピンチに入るとギアを上げ、速球も150キロ近くを計時する。

年度	防御率	試合	勝利	敗戦	セーブ	投球回	三振
2020							
通算							

51 林旺億

りん・おうおく
リン・ワンイ
LIN WANG YI

投手　33歳　5年目　右右　1988.6.28　190cm99kg

①台中高農-レッドソックス-台湾体院-Lamigo(12-13)-味全(19)③12年の台湾プロ1位投手だが、昨季はわずか6登板。9年ぶりとなる弟・林旺衛と共に、一軍の舞台での躍動に期待。

年度	防御率	試合	勝利	敗戦	セーブ	投球回	三振
2020							
通算	8.27	15	0	0	0	20.2	15

52 伍鐸

ブライアン・ウッドール
ウドゥオ(アメリカ合衆国)
BRYAN WOODALL

▲ 投手　35歳　7年目　右右　1986.10.24　185cm91kg

①オーバーン大-ダイヤモンドバックス-米独立L-中信兄弟(15)-米独立L-中信兄弟(16-17)-富邦(18-20)-味全(21)②勝(18)、べ(18)③18年の最多勝投手も、過去2年間は4勝21敗と大きく負けが先行している。長年の経験とコントロールを武器に貢献したい。

年度	防御率	試合	勝利	敗戦	セーブ	投球回	三振
2020	6.55	16	2	9	0	79.2	50
通算	4.19	116	42	42	0	698	527

56 黄東淯

こう・とういく
ホァン・ドンユ
HUANG TUNG YU

投手　23歳　3年目　右右　1998.4.27　170cm72kg

①美和中学-南華大学-味全(19)③テンポよくストライクゾーンに投げ込み、チーム4位タイの44試合に登板。小さく曲がる変化球でゴロを打たせる。

年度	防御率	試合	勝利	敗戦	セーブ	投球回	三振
2020							
通算							

59 陳冠偉

ちん・かんい
チェン・グァンウェイ
CHEN KUAN WEI

投手　25歳　3年目　右右　1996.10.28　182cm102kg

①彰化芸中-台湾体大-味全(19)③かつての名投手・蔡仲南(元興農)直伝のフォークが武器の右腕。角度のある速球と組み合わせ一軍でも三振の山を築く。

年度	防御率	試合	勝利	敗戦	セーブ	投球回	三振
2020							
通算							

61 曾柏融 そう・はくゆう ツェン・ボーロン
TSENG PO JUNG

投手 23歳 3年目 左左 1998.5.1 182cm75kg

①普門中学-中国文化大学-味全(19)③昨季はチーム唯一の左腕スターターとして、20試合に先発した。ライバルは多いが、体力強化で一軍の先発枠を勝ち取る。

年度	防御率	試合	勝利	敗戦	セーブ	投球回	三振
2020	-	-	-	-	-	-	-
通算	-	-	-	-	-	-	-

64 鋼龍 ドリュー・ギャグノン ガンロン(アメリカ合衆国)
DREW GAGNON

● 投手 31歳 1年目 右右 1990.6.26 193cm93kg

①カリフォルニア州立大ロングビーチ校-ブルワーズ-エンゼルス-メッツ-韓国・KIA-味全(21)③昨季韓国で11勝の右腕が日韓複数球団との争奪戦の末、味全入り。ブレーク抜群のチェンジアップを決め球に先発を担う。

年度	防御率	試合	勝利	敗戦	セーブ	投球回	三振
2020	-	-	-	-	-	-	-
通算	-	-	-	-	-	-	-

68 羅華韋 ら・かい ルオ・ホァウェイ
LO HUA WEI

投手 31歳 7年目 左左 1990.12.1 180cm74kg

①三信家商-タイガース-義大(15)-富邦(17-19)-味全(20)③19年途中にサイドスローに転向した左腕。スライダーとチェンジアップを低めに集める投球で、左の強打者を封じたい。

年度	防御率	試合	勝利	敗戦	セーブ	投球回	三振
2020	-	-	-	-	-	-	-
通算	10.00	74	3	2	1	63	39

71 林子昱 りん・しいく リン・ズーユ
LIN TZU YU

投手 28歳 3年目 右右 1993.9.19 185cm78kg

①三信家商-康寧大学-味全(19)③美しいフォームと球筋が魅力の先発投手も、昨季は防御率7.54と打ち込まれた。多彩な変化球の質を高め、先発枠を勝ち取りたい。

年度	防御率	試合	勝利	敗戦	セーブ	投球回	三振
2020	-	-	-	-	-	-	-
通算	-	-	-	-	-	-	-

76 劉崇聖 りゅう・すうせい リョウ・チョンシェン
LIU CHUNG SHENG

● 投手 21歳 2年目 右右 2000.10.31 183cm90kg

①嘉義高中-味全(20)③驚異的な落差のバルカンチェンジを勝負球にする高卒ルーキー。まずは二軍でフォームを固め、安定感を向上させたい。

年度	防御率	試合	勝利	敗戦	セーブ	投球回	三振
2020	-	-	-	-	-	-	-
通算	-	-	-	-	-	-	-

87 布里悍 ジェイク・ブリガム ブリハン(アメリカ合衆国)
JAKE BRIGHAM

● 投手 33歳 1年目 右右 1988.2.10 191cm95kg

①セントラルフロリダクリスチャン高-レンジャーズ-カブス-レンジャーズ-パイレーツ-ブレーブス-東北楽天-タイガース-韓国・ネクセン-韓国・キウム-味全(21)③変化球を低めに集める試合を崩さない投球で、韓国では在籍4年で計43勝。16年に東北楽天でプレーした結果を残せ。⑤ジェイク・ブリガム

年度	防御率	試合	勝利	敗戦	セーブ	投球回	三振
2020	-	-	-	-	-	-	-
通算	-	-	-	-	-	-	-

90 王玉譜 おう・ぎょくふ ワン・ユーブ
WANG YU PU

▲ 投手 25歳 6年目 左左 1996.1.18 184cm81kg

①穀保家商-開南大学-統一(16-20)-味全(21)③拡大ドラフトで昨年統一一から移籍。150キロを超える速球が武器の左腕も、昨季は僅か3登板。制球が改善すれば勝ち継投を担える。④アジア大会(18)

年度	防御率	試合	勝利	敗戦	セーブ	投球回	三振
2020	9.00	3	0	0	0	1	1
通算	6.80	72	3	8	0	95.1	76

9 林辰勳 りん・しんくん リン・チェンシュン
LIN CHEN HSUN

● 捕手 20歳 2年目 右右 2001.12.10 180cm70kg

①穀保家商-味全(20)③強肩を有し、キャッチングも安定している高卒捕手は打撃をレベルアップさせて将来の正捕手争いに加わりたい。

年度	打率	試合	安打	本塁打	打点	盗塁	三振
2020	-	-	-	-	-	-	-
通算	-	-	-	-	-	-	-

22 全浩瑋 ぜん・こうい チュエン・ハオウェイ
CHUAN HAO WEI

捕手 23歳 3年目 右右 1998.5.30 180cm96kg

①中興高中-南華大学-味全(19)③二軍でパワーのある打撃と強肩を武器に、チームの捕手として最多出場。今季は一軍でレギュラーをシーズン通して守りたい。

年度	打率	試合	安打	本塁打	打点	盗塁	三振
2020	-	-	-	-	-	-	-
通算	-	-	-	-	-	-	-

60 劉時豪 りゅう・じごう リョウ・シーハオ
LIU SHIH HAO

▲ 捕手 30歳 8年目 右右 1991.3.21 166cm90kg

①西苑高中-台湾体大-Lamigo(14-19)-楽天(20)-味全(21)③拡大ドラフトで昨年楽天から移籍。小柄な愛されキャラは近年出番が減少していたが、経験生かし正捕手争いに加わっていく。

年度	打率	試合	安打	本塁打	打点	盗塁	三振
2020	.143	24	6	1	2	0	6
通算	.241	402	206	5	78	3	126

63 蔣少宏
しょう・しょうこう
ジャン・シャオホン
CHIANG SHAO HUNG

●捕手　24歳　2年目　右右　1997.7.13　179cm100kg

①桃園農工-中国文化大学-味全(20)③守備力とパワーが武器の捕手は打撃の安定感が高まれば面白い存在。父の蔣坤珉 (元三商) もプロで捕手としてプレーした。

年度	打率	試合	安打	本塁打	打点	盗塁	三振
2020	-	-	-	-	-	-	-
通算	-	-	-	-	-	-	-

98 魏全
ぎ・ぜん
ウェイ・チュエン
WEI CHUAN

捕手　23歳　3年目　右右　1998.1.13　183cm90kg

①高苑工商-台北市立大学-味全(19)③名前が「味全」と同じ発音のためドラフト時は話題に。昨年兵役中に右膝靭帯を断裂し、今季はリハビリに費やす見通しだ。

年度	打率	試合	安打	本塁打	打点	盗塁	三振
2020	-	-	-	-	-	-	-
通算	-	-	-	-	-	-	-

6 張皓緯
ちょう・こうい
ジャン・ハオウェイ
CHANG HAO WEI

内野手　27歳　3年目　右右　1994.12.13　177cm85kg

①平鎮高中-中国文化大学-味全(19)③アマ時代から国際大会の経験豊富な内野手。武器の守備は本職は遊撃も、二軍では二塁、一塁、三塁を守り無失策と堅実だった。

年度	防御率	試合	勝利	敗戦	セーブ	投球回	三振
2020	-	-	-	-	-	-	-
通算	-	-	-	-	-	-	-

21 李凱威
り・がいい
リ・カイウェイ
LEE KAI WEI

内野手　24歳　3年目　右右　1997.9.11　174cm76kg

①高苑工商-中国文化大学-味全(19)③攻守に安定感ある二塁手は、シーズン序盤こそ不調も徐々に調子を上げた。二軍で僅か9三振と投手にとっては嫌な打者だ。

年度	打率	試合	安打	本塁打	打点	盗塁	三振
2020	-	-	-	-	-	-	-
通算	-	-	-	-	-	-	-

33 曾傳昇
そう・でんしょう
ツェン・チュアンシェン
TSENG CHUAN SHENG

内野手　21歳　3年目　右右　2000.11.22　175cm68kg

①高苑工商-味全(19)③広い守備範囲と天性の守備センスを誇る遊撃手は若くしてレギュラーに定着。二軍でリーグ3位タイの22盗塁と足でも魅せた。

年度	打率	試合	安打	本塁打	打点	盗塁	三振
2020	-	-	-	-	-	-	-
通算	-	-	-	-	-	-	-

99 牛壋曄
ぎゅう・がいよう
ニョウ・カイイェ
NIU KAI YEH

捕手　27歳　3年目　右右　1994.1.2　172cm96kg

①西苑中学-輔仁大学-味全(19)③アマ時代から長打力と強肩に高い評価の社会人出身捕手。少ない出場機会ながら二軍では盗塁阻止率.429をマークした。

年度	打率	試合	安打	本塁打	打点	盗塁	三振
2020	-	-	-	-	-	-	-
通算	-	-	-	-	-	-	-

3 歐晉
おう・しん
オウ・ジン
OU CHIN

内野手　25歳　3年目　左左　1996.10.30　176cm112kg

①平鎮高中-国立体大-味全(19)③恰幅の良いパワーヒッターは二軍で17試合の出場、HRが0本と期待された長打力を見せられず。今季は結果が求められる一年だ。

年度	打率	試合	安打	本塁打	打点	盗塁	三振
2020	-	-	-	-	-	-	-
通算	-	-	-	-	-	-	-

13 吳睿勝
ご・えいしょう
ウー・ルイシェン
WU JUI SHENG

内野手　27歳　6年目　右右　1994.6.23　177cm76kg

①三民高中-輔仁大学-義大(16)-富邦(17-18)-味全(19)③昨季は主に下位打線、一塁を任され二軍で規定打席未満ながら打率.363。内外野守れる器用さを生かし様々な場面で貢献したい。

年度	打率	試合	安打	本塁打	打点	盗塁	三振
2020	-	-	-	-	-	-	-
通算	.167	4	1	0	0	0	1

25 張政禹
ちょう・せいう
ジャン・ジェンユ
CHANG CHENG YU

内野手　21歳　3年目　右右　2000.6.8　178cm70kg

①美和中学-南華大学-味全(19)③二軍で規定打席未満ながら.348の高打率&リーグ2位の24盗塁に加え、二軍、遊撃、三塁を守り3失策と堅実な守備も光る内野手だ。

年度	打率	試合	安打	本塁打	打点	盗塁	三振
2020	-	-	-	-	-	-	-
通算	-	-	-	-	-	-	-

35 王順和
おう・じゅんわ
ワン・シュンヘ
WANG SHUN HO

●内野手　20歳　2年目　右右　2001.10.26　175cm70kg

①穀保家商-味全(20)③19年のU18W杯では三塁手でベストナインを獲得。俊足と内野3ポジションを守れる器用さを武器にアピールしたい。

年度	打率	試合	安打	本塁打	打点	盗塁	三振
2020	-	-	-	-	-	-	-
通算	-	-	-	-	-	-	-

背番号　漢字名　日本語読み　現地読み(国籍)　英語　ポジション　年齢　年数(CPBL)　投打　生年月日　身長体重
①経歴②タイトル歴③寸評④代表歴⑤NPBでの登録名　記号:●…新入団(新任)、▲…移籍、■…復帰

味全ドラゴンズ　ウェイチュエン ロン

57 朱祥麟
しゅ・しょうりん
ジュ・シャンリン
CHU HSIANG LIN

内野手　23歳　3年目　右右　1998.9.21　187cm85kg

①平鎮高中-開南大学-味全(19)③大型遊撃手は二軍で一塁を兼任しリーグ5位の13HR、16盗塁。長打力ある内野のユーティリティーとして打線を引っ張る。

年度	打率	試合	安打	本塁打	打点	盗塁	三振
2020	-	-	-	-	-	-	-
通算	-	-	-	-	-	-	-

72 石翔宇
せき・しょうう
シ・シャンユ
SHIH HSIANG YU

▲内野手　25歳　7年目　右右　1996.11.1　178cm70kg

①南英商工-義大(15-16)-富邦(17-20)-味全(21)③昨年富邦を戦力外となり移籍。内野3ポジションを堅実にこなす守備力と俊足を有する若手内野手は試合終盤で輝く存在だ。

年度	打率	試合	安打	本塁打	打点	盗塁	三振
2020	.182	6	2	0	1	0	6
通算	.233	64	27	0	14	1	34

2 郭天信
かく・てんしん
グォ・ティエンシン
KUO TIEN HSIN

外野手　21歳　3年目　右右　2000.4.15　173cm70kg

①南英商工-中国文化大学-味全(19)③俊足と広い守備範囲を武器に躍動。昨季は外野のみの起用だったが、内野3ポジションもこなせる。今季はその起用法にも注目だ。

年度	打率	試合	安打	本塁打	打点	盗塁	三振
2020	-	-	-	-	-	-	-
通算	-	-	-	-	-	-	-

5 林驛騰
りん・えきてん
リン・イーテン
LIN YI TENG

外野手　29歳　3年目　右両　1992.1.4　184cm94kg

①西苑中学-インディアンス-味全(19)③マイナーリーグと社会人3球団でプレー、3度のドラフト指名漏れを経験した苦労人。持ち前の長打力でアピールしたい。

年度	打率	試合	安打	本塁打	打点	盗塁	三振
2020	-	-	-	-	-	-	-
通算	-	-	-	-	-	-	-

28 林旺衛
りん・おうえい
リン・ワンウェイ
LIN WANG WEI

外野手　33歳　8年目　右右　1988.6.28　183cm87kg

①台中高農-国立体院-ツインズ-義大(14-16)-富邦(17-18)-味全(19)③復活した球団のキャプテンという重責を任されるも、二軍ではキャリアハイの成績で応えた。今季は3年ぶりの一軍で暴れたい。

年度	打率	試合	安打	本塁打	打点	盗塁	三振
2020	-	-	-	-	-	-	-
通算	.241	222	128	7	60	25	136

34 張祐銘
ちょう・ゆうめい
ジャン・ヨウミン
CHANG YU MING

外野手　24歳　3年目　右右　1997.3.15　180cm86kg

①西苑中学-開南大学-味全(19)③細身ながら鋭いスイングが持ち味の打撃が昨季は鳴りを潜めた。長打力を武器に外野のポジション争いに加われるか。

年度	打率	試合	安打	本塁打	打点	盗塁	三振
2020	-	-	-	-	-	-	-
通算	-	-	-	-	-	-	-

55 高淮安
こう・わいあん
ガオ・ファイアン
KAO HUAI AN

外野手　26歳　3年目　右左　1995.11.30　184cm85kg

①西苑中学-開南大学-味全(19)③昨季は二軍で僅か2試合の出場。バットコントロールに長けた打撃と外野3ポジションをそつなくこなす守備力が武器だ。

年度	打率	試合	安打	本塁打	打点	盗塁	三振
2020	-	-	-	-	-	-	-
通算	-	-	-	-	-	-	-

58 曾陶鎔
そう・とうよう
ツェン・タオロン
TSENG TAO JUNG

外野手　30歳　7年目　右右　1991.4.27　182cm84kg

①高苑工商-高苑科技大学-中信兄弟-味全(20)③チームでは貴重な右打ちの外野手は二軍で打率.375、12HR。17年に一軍で15HR放った長打力で貢献したい。

年度	打率	試合	安打	本塁打	打点	盗塁	三振
2020	-	-	-	-	-	-	-
通算	.263	170	104	17	61	13	156

69 董秉軒
どう・へいけん
ドン・ビンシュエン
TUNG PING HSUAN

●外野手　23歳　2年目　右右　1998.1.9　186cm84kg

①穀保家商-中国文化大学-味全(20)③15年のU18W杯代表。内外野を守れ、広角に長打を打てるパワーヒッターは下位指名から這い上がり結果を残せるか。

年度	打率	試合	安打	本塁打	打点	盗塁	三振
2020	-	-	-	-	-	-	-
通算	-	-	-	-	-	-	-

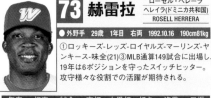

73 赫雷拉
ローゼル・ヘレーラ
ヘレイラ(ドミニカ共和国)
ROSELL HERRERA

●外野手　29歳　1年目　右両　1992.10.16　190cm81kg

①ロッキーズ-レッズ-ロイヤルズ-マーリンズ-ヤンキース-味全(21)③MLB通算149試合に出場し、19年は6ポジションを守ったスイッチヒッター。攻守様々な役割での活躍が期待される。

年度	打率	試合	安打	本塁打	打点	盗塁	三振
2020	-	-	-	-	-	-	-
通算	-	-	-	-	-	-	-

77 陳震洋

ちん・しんよう
チェン・ジェンヤン
CHEN CHEN YANG

外野手 20歳 3年目 右右 2001.3.29 176cm91kg

①普門中学-味全(19)③フルスイングから生み出す長打が魅力もまだまだ粗削り。伸びしろは大きいためまずは二軍でしっかりと実戦経験を積みたい。

年度	打率	試合	安打	本塁打	打点	盗塁	三振
2020	-	-	-	-	-	-	-
通算	-	-	-	-	-	-	-

88 洪瑋漢

こう・いかん
ホン・ウェイハン
HUNG WEI HAN

外野手 26歳 3年目 左左 1995.12.3 170cm75kg

①三民高中-台湾体大-味全(19)③広い守備範囲とアプローチが持ち味の外野手は、二軍では77試合に出場し打率.318、リーグトップの9本の三塁打を放った。

年度	打率	試合	安打	本塁打	打点	盗塁	三振
2020	-	-	-	-	-	-	-
通算	-	-	-	-	-	-	-

93 陳品捷

ちん・ひんしょう
チェン・ピンジェ
CHEN PIN CHIEH

▲ 外野手 30歳 5年目 右左 1991.7.23 183cm80kg

①南英商工-カブス-レッズ-ドジャース-四国IL・徳島-富邦(17-20)-味全(21)③拡大ドラフトで昨年富邦から移籍。内外野こなすユーティリティーは昨季出番が大幅減。復活には打撃でアピールしたい。④アジア大会(14)、APBC(17)

年度	打率	試合	安打	本塁打	打点	盗塁	三振
2020	.179	22	7	2	6	0	10
通算	.290	259	253	20	105	17	160

味全ドラゴンズ　ウェイチュエン ロン

主な獲得タイトル
( )内はNPBでの該当タイトル名

M＝年度MVP 　　（最優秀選手）
新＝最佳新人奨 　（新人王）
首＝打撃王 　　　（首位打者）
本＝全塁打王 　　（最多本塁打）
点＝打點王 　　　（最多打点）
盗＝盗塁王 　　　（最多盗塁）
防＝防禦率王 　　（最優秀防御率）
勝＝勝投王 　　　（最多勝利）
救＝救援王 　　　（最多セーブ）
中＝中繼王 　　　（最優秀中継ぎ）
三＝三振王 　　　（最多奪三振）
べ＝最佳十人奨 　（ベストナイン）
ゴ＝金手套奨 　　（ゴールデングラブ賞）

※成績の太字はリーグトップ

高雄市澄清湖棒球場

たかおしちょうせいこきゅうじょう
ガオションシー チェンチンフー バンチョウチャン

住所：高雄市鳥松區蔦松里大埤路113號
TEL：07-733-6497
収容人員：20,000人
天然芝
中堅：122m（400ft）　両翼：100m（328ft）

複数チームが一軍公式戦を開催

台北の南西、約295kmにある台湾南部の大都市・高雄。約277万人が暮らす高雄は、台湾最大の港もある工業が盛んな都市だ。高速鉄道は高雄の左營駅が終着駅。高雄国際空港には日本からの直行便もあり、台湾の南の玄関口となっている。澄清湖棒球場は市中心部の東、約6kmのところに位置、その名が示す通り、澄清湖という人造湖のほとりにある。この球場は完成まで3年の歳月を費やした台湾屈指の大型球場で1999年に竣工した。現在はいずれの球団の本拠地でもなくなったものの、今季は味全、統一、中信兄弟が一軍公式戦を開催する。

アクセス

台北から高雄市内へ
・高速鉄道（高鉄）で高鉄左營駅まで約1時間30分～2時間。高鉄左營駅から台鉄高雄駅までは高雄メトロ（MRT）レッドラインで5駅、約10分。
・在来線(台鉄)特急で台鉄高雄駅まで約5時間。その他、高速バスのルートもあり。

高雄市内から球場へ
・台鉄高雄駅前から60番（覺民幹線）バスで澄清湖棒球場下車、約40分。
・高鉄左營駅、台鉄高雄駅からタクシーでそれぞれ約25分。
・試合開催時は、高鉄左營駅及び高雄メトロ（MRT）オレンジライン衛武營駅から、無料送迎バス運行あり。

花蓮縣立德興棒球場

かれんけんりつとくこうきゅうじょう
ホァリェンシェンリー　デシン　バンチョウチャン

住所：花蓮市達古湖灣大路1號
TEL：03-846-2789
収容人員：5,500人
天然芝
中堅：122m（400ft）　　両翼：98m（320ft）

東部唯一の公式戦開催球場

台北の南、約118kmに位置する花蓮は、台湾の東部、太平洋に面した町。台湾有数の景勝地、太魯閣峡谷に近く、そこから切り出される大理石の産地として有名だ。德興棒球場は中央山脈から流れる美崙渓のほとりにあり、豊かな自然に囲まれている。この球場はかつて、野球とソフトボールの兼用球場だったが、1999年に改修工事が行われ、2002年にプロ野球の試合が初めて行われた。現在、台湾東部でプロ野球公式戦が開催されるのは花蓮しかなく、2020年は5試合が編成された。東部は高速鉄道が整備された西部に比べ、アクセス面で難はあるが、穏やかな大自然と触れ合うことが出来るのが魅力となっている。

花蓮縣立德興棒球場　周辺地図＆アクセス

台北から花蓮市内へ
・在来線（台鉄）で花蓮駅まで特急列車（タロコ号、プヨマ号等）で約2時間15分。
・高速バスで約3時間30分。
・飛行機で台北松山空港から花蓮空港まで約35分。
台鉄花蓮駅（最寄り駅）から
・タクシーで約7分（約2.4km）
・2021年は試合開催時に、台鉄花蓮駅から送迎バス（有料）を運行。

花蓮縣立德興棒球場

台鉄花蓮駅

CPBL 球団の変遷

1990	1991	1992	1993	1994	1995	1996	1997	1998	1999	2000	2001	2002	2003	2004	2005

兄弟エレファンツ

統一ライオンズ

俊國ベアーズ

興農ベアーズ
※1996年前期は興農ベアーズ、後期から興農ブルズ

興農ブルズ

第一金剛

和信ホエールズ

中信ホエールズ

誠泰太陽

味全ドラゴンズ

三商タイガース

時報イーグルス

1990	1991	1992	1993	1994	1995	1996	1997	1998	1999	2000	2001	2002	2003	2004	2005

解散した球団

三商タイガース
さんしょう タイ ガース
サンシャン フー

年度別成績

年度	順位	チーム名	試合	勝	敗	分	勝率
1990	2	三商タイガース	90	47	38	5	.553
1991	4	三商タイガース	90	35	46	9	.432
1992	4	三商タイガース	90	36	47	7	.434
1993	6	三商タイガース	90	33	54	3	.379
1994	4	三商タイガース	90	40	47	3	.460
1995	2	三商タイガース	100	49	48	3	.505
1996	5	三商タイガース	100	39	57	4	.406
1997	2	三商タイガース	96	46	44	6	.511
1998	5	三商タイガース	105	50	52	3	.490
1999	4	三商タイガース	93	39	52	2	.429
通算			944	414	485	45	.461

時報イーグルス
じ ほう イー グ ルス
シーバオ イン

年度別成績

年度	順位	チーム名	試合	勝	敗	分	勝率
1993	5	時報イーグルス	90	36	52	2	.409
1994	3	時報イーグルス	90	46	43	1	.517
1995	3	時報イーグルス	100	49	50	1	.495
1996	2	時報イーグルス	100	56	41	3	.577
1997	6	時報イーグルス	96	41	51	4	.446
通算			476	228	237	11	.490

| 2006 | 2007 | 2008 | 2009 | 2010 | 2011 | 2012 | 2013 | 2014 | 2015 | 2016 | 2017 | 2018 | 2019 | 2020 | 2021 |

中信ブラザーズ（中信兄弟）

統一7-ELEVEnライオンズ

義大ライノス　富邦ガーディアンズ

La Newベアーズ　Lamigoモンキーズ

楽天モンキーズ

米迪亜ティーレックス

誠泰コブラス

味全ドラゴンズ

| 2006 | 2007 | 2008 | 2009 | 2010 | 2011 | 2012 | 2013 | 2014 | 2015 | 2016 | 2017 | 2018 | 2019 | 2020 | 2021 |

和信ホエールズ
ヘーシン ジン

中信ホエールズ
ジョンシン ジン

年度別成績

年度	順位	チーム名	試合	勝	敗	分	勝率
1997	7	和信ホエールズ	96	39	56	1	.411
1998	4	和信ホエールズ	105	54	49	2	.524
1999	1	和信ホエールズ	91	60	29	2	.674
2000	3	和信ホエールズ	90	41	45	4	.477
2001	3	和信ホエールズ	90	45	45	0	.500
2002	2	中信ホエールズ	90	45	42	3	.517
2003	4	中信ホエールズ	100	51	43	6	.543
2004	4	中信ホエールズ	100	45	50	5	.474
2005	4	中信ホエールズ	100	47	49	4	.490
2006	5	中信ホエールズ	100	42	51	7	.452
2007	4	中信ホエールズ	100	46	52	2	.469
2008	4	中信ホエールズ	100	39	61	0	.390
通算			1162	554	572	36	.492

誠泰太陽
チェンタイ タイヤン

誠泰コブラス
チェンタイ コブラス

米迪亜ティーレックス
ミーディヤ バオロン

年度別成績

年度	順位	チーム名	試合	勝	敗	分	勝率
2003	5	誠泰太陽	100	30	64	6	.319
2004	5	誠泰コブラス	100	43	54	3	.443
2005	2	誠泰コブラス	101	50	43	8	.538
2006	4	誠泰コブラス	100	48	50	2	.490
2007	5	誠泰コブラス	100	44	55	1	.444
2008	5	米迪亞ティーレックス	98	37	60	1	.381
通算			599	252	326	21	.436

気になる！台湾の応援 Q&A!

野球観戦の楽しみの一つに応援があります。台湾のプロ野球に興味を持ったきっかけとして、その独特の応援スタイルに惹かれたという方も多いのではないでしょうか。このコーナーでは台湾の応援の特徴をQ&A形式でご紹介します。これを読めばさらに台湾の応援が楽しめること間違いなしです。

Q1 台湾の基本的な応援方法を教えてください！

A ホームチームの応援の中心は、主に内野席のベンチ上ステージです。マイクを持ったリーダーが音頭を取り、場内のスピーカーから流れる応援歌に合わせてチアリーダーがダンス。ファンもチアに合わせて踊りながら、応援歌を歌います。「熱區」と呼ばれる内野三塁ベースから一塁ベースまでのエリアは特に熱狂度が高いホットスポットとなっており、台湾野球の醍醐味を味わうにはここがおすすめです。一塁側と三塁側に分かれる日本と異なり、台湾はホームが内野で、ビジターが外野。ビジターチームの応援スタイルは、日本と近くトランペットと太鼓をメインに応援が行われます。ホームと比べ人数は少ないですが、その分現地ファンと仲良くなれる機会も多いです。

Q2 中国語での応援は難しそう

A 確かにいきなり全ての応援をマスターするのは難しいですが、簡単な掛け声をいくつか覚えるだけでも、台湾野球の応援はもっと楽しめるようになります。
以下はよく応援で使われる単語やフレーズです。

ジャーヨウ
加油！　訳→頑張れ！

ホンバ
轟吧！　訳→かっ飛ばせ！
※轟はホームランの意味。

ズイチャン
最強！　訳→最強！

ダアンダ
打安打！　訳→ヒット！

アンダ　アンダ
安打！安打！　訳→ヒット！ヒット！

チュエンレイダ
全壘打　訳→ホームラン

ザイライイゲハオチョウサンジェンター
再來一個好球三振他！　訳→あと1球
（台湾では最終回以外の場面でもよく使われます）

106

Q3 応援に欠かせないアイテムは？

近年、ファンも歌って踊るスタイルが浸透してきており、以前のようにメガホンやチアホーンを使うことは少なくなりました。各球団本拠地の売店ではホームチームのユニフォームや、背番号入りTシャツ、チームロゴが入ったキャップが売られています。これを身につけて応援すれば、さらに一体感を味わえるでしょう。また、中継カメラに映されることを意識して、ユニークなメッセージを描いた、応援ボードを手にするファンも少なくありません。

Q4 応援歌についてもっと知りたい！

台湾の応援歌は、主に3種類。各選手の個人応援歌、チャンステーマ（嗆司曲）、イニング間の応援歌（局間曲）となっています。日本のように固定の球団歌はありませんが、近年は各球団ともに年度ごとのテーマ曲を作成していて、その曲もイニング間で使われています。個人応援歌は、選手ごとのメロディーに続けて、日本でいう「かっとばせ○○」の部分に、固有のコール（口號）を入れる形が主となっています。富邦を除く4球団では、日本ほど細かく歌詞がつけられている曲はほとんどありません。富邦や味全では、球団の公式YouTubeで応援歌の動画を配信しています。また［○○○（選手名やチーム名）應援曲］等で検索すると、ファンが撮影した現地の応援風景も見ることができます。

日台両方で高い人気を誇る陳子豪（中信兄弟）の個人応援歌や、ジントシオ氏作曲の廖健富（楽天）、チャンステーマでは「統一尚勇（統一）」や「強悍出撃（富邦）」、「CHARGE（中信兄弟）」等、名曲揃いです

Q5 中継を見ていると聞き覚えのある曲が聞こえたんだけど…

応援歌には既存の台湾の懐メロやヒットソング、映画の主題歌や海外の民謡など様々な曲が使われており、近年では日本アニメのテーマソングが使われることも多くなっています。

☆各球団の主な選手の応援歌原曲（2020年）

中信兄弟
25 林智勝 映画「少林サッカー」オープニング曲
74 許基宏 「看上她」歌：黎明

統一
39 林祖傑 「ハリケンジャー参上!」
（「忍風戦隊ハリケンジャー」オープニング曲）
歌：高取ヒデアキ
68 高國慶 「凱旋行進曲」
（オペラ「アイーダ」劇中歌）

楽天
1 陽耀勳 映画「少林少女」主題曲
29 陳俊秀 「世界の約束」
（映画「ハウルの動く城」主題歌）
歌：倍賞千恵子

富邦
28 高國輝 「あとひとつ」
歌：FUNKY MONKEY BABYS
95 戴培峰「DANCE! おジャ魔女」
（アニメ「おジャ魔女どれみドッカ〜ン!」
オープニング曲）歌：MAHO堂

台湾でプレーした日本人選手一覧

在籍期間	選手名(CPBLでの登録名)	NPBでの所属球団	台湾での所属球団
1992	小川宗直	西武、中日、近鉄	味全
1993	矢野和哉	ヤクルト	時報
1993-1994	成田幸洋	西武、横浜大洋	俊國
1993	立花義家	西武、阪神	俊國
1993	野中徹博(野中尊制)	阪急、オリックス、中日、ヤクルト	俊國
1994	中井伸之	ダイエー	三商
1995	千代丸亮彦	広島	時報
1995	川島堅	広島	時報
1995	池田郁夫	広島	時報
1995	金子勝裕	NPB在籍経験なし	俊國
1995	菊地原毅	広島、オリックス	時報
1995	鈴木俊雄	千葉ロッテ	味全
1995	鈴木健	広島、横浜	時報
1997	松永幸男		統一
1997-1999	田島俊雄(東鈺)	南海、ダイエー、ロッテ、日本ハム	兄弟
1998	松井隆昌	ダイエー、広島、中日、千葉ロッテ	統一
1998	金森隆浩	中日	統一
1999	小島圭市	巨人、中日	興農
1999	白坂勝史	中日	兄弟
1999-2000	羽根川竜	巨人、千葉ロッテ	兄弟
1999	足利豊	ダイエー、横浜	三商
1999	宮下大輔	NPB在籍経験なし	三商、TML・高屏雷公
1999	小早川幸二	ダイエー、中日、広島	TML・台中金剛
1999-2001	渡辺久信	西武、ヤクルト	TML・嘉南勇士
1999	佐々木高広	NPB在籍経験なし	TML・嘉南勇士
2000	矢野正之	阪神	和信
2000	有働克也	横浜大洋、横浜、中日	和信
2000-2001	石井丈裕	西武、日本ハム	TML・台北太陽
2000-2002	安藤真児	西武	TML・台北太陽
2000	伊藤隆偉	阪急、オリックス、巨人	TML・台中金剛
2000	江坂政明	近鉄、阪神	TML・台中金剛
2000-2002	武藤幸司	NPB在籍経験なし	TML・台中金剛
2000	小島弘務	中日、千葉ロッテ	TML・嘉南勇士
2001	斉藤肇	横浜大洋、横浜	兄弟
2001、2006	養父鉄	ダイエー	兄弟
2002	小桧山雅仁	横浜	中信
2002-2003	中山裕章	横浜大洋、中日	中信
2002-2005	中込伸	阪神	兄弟
2002	杉山直樹	巨人	中信
2002	前田勝宏	西武、中日	興農
2002	山原和敏	日本ハム	TML・台北太陽
2002	加藤博人	ヤクルト、近鉄	TML・台北太陽
2002	高橋智	阪急、オリックス、ヤクルト	TML・台北太陽
2002	酒井弘樹	近鉄、阪神	TML・台中金剛
2003	今井圭吾	日本ハム	兄弟
2003	笹川隆	ダイエー、ソフトバンク	中信
2003	吉見宏明	NPB在籍経験なし	統一
2003	部坂俊之	阪神	中信
2003	野々垣武	西武、広島、ダイエー	誠泰太陽
2003-2004	横田久則	西武、千葉ロッテ、阪神	兄弟
2004	入来智	近鉄、広島、巨人、ヤクルト	La New
2004	石川雅実	巨人	統一
2004	野村貴仁	オリックス、巨人、日本ハム	誠泰
2005	寺村友和(山﨑友和)	千葉ロッテ、阪神、近鉄	誠泰
2005	成本年秀	千葉ロッテ、阪神、ヤクルト	統一
2005	佐藤秀樹	中日、西武、ヤクルト	誠泰
2005	武藤潤一郎	千葉ロッテ、日本ハム、西武	兄弟
2006	中村隼人	日本ハム、巨人	兄弟
2006	竹清剛治	千葉ロッテ	興農
2007-2008	井場友和	日本ハム	興農
2007	芝草宇宙	日本ハム、ソフトバンク	興農
2007	栗田雄介	近鉄、オリックス	興農
2007-2008	鈴木誠	オリックス	La New
2007	藤本博史	オリックス	中信
2008-2009	小林亮寛	千葉ロッテ	兄弟
2008	片山文男	ヤクルト	興農
2009-2010、2014	正田樹	日本ハム、阪神、ヤクルト	興農、Lamigo
2009	伊代野貴照	阪神	兄弟
2010	高津臣吾	ヤクルト	興農
2012	鎌田祐哉	ヤクルト、東北楽天	統一7-ELEVEn
2013	河本ロバート(河本羅柏特)	NPB在籍経験なし	Lamigo
2013	真田裕貴	巨人、横浜、ヤクルト	兄弟
2018-2019	知念広弥	NPB在籍経験なし	統一7-ELEVEn
2019	川﨑宗則※	ダイエー、ソフトバンク	味全
2019	蔵内宏明※	阪神、ヤクルト	味全
2021	田澤純一	NPB在籍経験なし	味全

※公式戦出場なし、アジアウインターリーグのみ出場

NPBに在籍した台湾人選手一覧

在籍期間	選手名（NPBでの登録名）	NPBでの所属球団	台湾での所属球団
1980-1983	高英傑	南海	
1980-1983	李来発	南海	
1981-1985	李宗源（三宅宗源）	ロッテ、巨人	
1981-1996	郭源治	中日	統一、和信
1985-1995	荘勝雄	ロッテ	
1985-1997	郭泰源	西武	
1988-1991	呂明賜	巨人	味全、TML・高屏雷公
1989-1990	陳義信（義信）	中日	兄弟、TML・嘉南勇士
1989-1991	郭建成	ヤクルト	時報
1989-2002	陳大豊（大豊泰昭）	中日、阪神、中日	
1991-1992	陳大順（大順将弘）	千葉ロッテ	味全
1993-1998	郭李建夫	阪神	和信、中信
1999-2013	蕭一傑	阪神、ソフトバンク	義大、富邦
2000-2002	曹竣揚	中日	統一、兄弟
2000-2013	許銘傑（ミンチェ）	西武、オリックス	台中金剛、Lamigo、中信兄弟
2002	余文彬	オリックス	興農
2002-2006	張誌家	西武	TML・台北太陽、La New
2003	陳文賓	ダイエー	統一、興農、和信、中信
2003-2013	林威助	阪神	中信兄弟
2004-2007 2020-	陳偉殷（チェン・ウェイン）	中日、千葉ロッテ、阪神	
2005-2008	姜建銘	巨人	興農
2006-	陽岱鋼	日本ハム、巨人	
2006-2008	林英傑（インチェ）	東北楽天	TML・高屏雷公、誠泰、興農、義大、中信兄弟、Lamigo
2006-2010	林羿豪	巨人	義大、富邦
2006-2013	陽耀勲	ソフトバンク	Lamigo、楽天
2007-2016 2018-2019	李杜軒（トゥーシェン）	ソフトバンク、千葉ロッテ	La New
2007-2008	呉偲佑	千葉ロッテ	
2007-2009	林恩宇	東北楽天	誠泰、兄弟、中信兄弟
2008-2011	李昱鴻	巨人	
2009-2013	鄭凱文（ジェン・カイウン）	阪神、DeNA	中信兄弟
2010-2011	黄志龍	巨人	統一7-ELEVEn
2010-2011	林彦峰	千葉ロッテ	興農、義大、Lamigo
2010-2013	王溢正	横浜、DeNA	Lamigo、楽天
2011-2020	陳冠宇（チェン・グァンユウ）	横浜、DeNA、千葉ロッテ	
2011-2012	蔡森夫	千葉ロッテ	義大
2015-2019	郭俊麟	西武	富邦
2016	李振昌（C.C.リー）	西武	中信兄弟
2016-	呉念庭	西武	
2016-	宋家豪	東北楽天	
2017-	張奕	オリックス	
2017-2019	廖任磊	巨人、西武	味全
2018-2020	呂彦青	阪神	
2019-	王柏融	日本ハム	Lamigo
2019-	王彦程	東北楽天	

かつて存在したもう一つのリーグ TMLとは？

　TML（台灣職業棒球大聯盟）は1995年、聲寶と年代テレビが設立（経緯はP114を参照）した那魯灣職棒事業有限公司により運営された台湾第2のプロ野球リーグ。那魯灣公司が台北太陽、台中金剛、嘉南勇士、高屏雷公の4チームを保有し、各球団のネーミングライツを募った。

　1997年に開幕、年間60～108試合、公式戦が行われ、公式戦の2位、3位チームがプレーオフ（5戦3勝制となった2002年以外は3戦2勝制）を戦い、その勝者が7戦4勝制のチャンピオンシップで公式戦1位チームと戦うレギュレーションであった。

　開幕当初は、外国人選手を含むCPBL主力選手の引き抜き、フランチャイズ制度などで話題を集めた。しかし、次第に選手層の薄さが露呈、人気は低迷し、経営も悪化したことから、2002年、リーグ解散が決定した。

　2003年1月にCPBLと合併、TML4チームは、太陽と雷公が合併し「金剛」、金剛と勇士が合併し「太陽」と、2チームになり、それぞれ第一金剛（楽天モンキーズの前身）、誠泰太陽として加わった。

年度	MVP	チーム名	位置	防御率/打率	試合数/試合数	勝利/打点	敗戦/安打	セーブ/本塁打	投球回/盗塁	三振/長打率
1993	陳義信	兄弟	投手	1.92	32	20	7	0	258.1	167
1994	陳義信	兄弟	投手	2.61	33	22	4	2	241.1	146
1995	郭進興	統一	投手	2.31	32	20	7	1	210.1	125
1996	郭進興	統一	投手	2.57	34	20	4	1	185.1	123
1997	凱撒 (Michael Garcia賈西)	味全	投手	1.89	50	7	4	20	104.2	128
1998	怪力男 (Jay Kirkpatrick)	興農	内野手	.387	104	101	137	31	0	.732
1999	曹竣揚	統一	投手	2.48	23	11	5	0	141.1	116
2000	楓康 (Mark Kiefer)	興農	投手	1.62	33	20	3	1	217.1	134
2001	羅敏卿	統一	内野手	.357	82	50	97	7	1	.500
2002	宋肇基	中信	投手	2.13	32	16	8	0	206.2	183
2003	張泰山	興農	内野手	.328	100	94	130	28	22	.614
2004	凱撒 (Michael Garcia賈西)	統一	投手	0.71	53	7	1	26	89	140
2005	林恩宇	誠泰	投手	1.72	31	12	8	4	167.2	152
2006	林恩宇	誠泰	投手	1.73	31	17	8	2	202.2	209
2007	高國慶	統一	内野手	.358	100	89	152	20	0	.560
2008	強森 (Mike Johnson)	La New	投手	2.45	27	20	2	1	183.2	107
2009	林益全	興農	内野手	.348	120	113	169	18	6	.543
2010	彭政閔	兄弟	内野手	.357	117	65	138	8	20	.481
2011	林泓育	Lamigo	捕手	.321	116	106	141	22	1	.544
2012	周思齊	兄弟	外野手	.365	118	91	158	21	4	.587
2013	林益全	義大	内野手	.357	113	79	149	18	4	.549
2014	林益全	義大	内野手	.346	119	88	161	14	1	.510
2015	林智勝	Lamigo	内野手	.380	110	124	156	31	30	.689
2016	王柏融	Lamigo	外野手	.414	116	105	200	29	24	.689
2017	王柏融	Lamigo	外野手	.407	115	101	178	31	16	.700
2018	陳俊秀	Lamigo	内野手	.375	104	77	145	17	5	.602
2019	朱育賢	Lamigo	内野手	.347	118	105	159	30	0	.605
2020	德保拉 (Jose De Paula)	中信兄弟	投手	3.20	27	16	9	0	174.1	192

年度	新人王	チーム名	位置	防御率/打率	試合数/試合数	勝利/打点	敗戦/安打	セーブ/本塁打	投球回/盗塁	三振/長打率
1993	曾貴章	時報	外野手	.337	85	47	109	7	15	.477
1994	羅國璋	統一	内野手	.316	76	35	93	0	10	.364
1995	該当者なし									
1996	張泰山	味全	内野手	.333	94	72	112	16	7	.565
1997	闞壯鎮	和信	外野手	.263	93	31	93	0	31	.348
1998	戴龍水	三商	投手	3.28	15	5	1	0	71.1	22
1999	曹竣揚	統一	投手	2.48	23	11	5	0	141.1	116
2000	馮勝賢	兄弟	内野手	.291	90	34	98	5	15	.386
2001	陳致遠	兄弟	内野手	.375	30	30	45	6	3	.667
2002	蔡仲南	興農	投手	3.49	25	14	9	0	149.2	113
2003	潘威倫	統一	投手	2.44	28	13	8	0	166.1	104
2004	石志偉	La New	内野手	.286	100	45	117	1	13	.362
2005	林恩宇	誠泰	投手	1.72	31	12	8	4	167.2	152
2006	陳冠任	兄弟	外野手	.349	88	54	111	10	0	.516
2007	潘武雄	統一	外野手	.319	92	44	115	6	3	.431
2008	林其緯	興農	投手	3.90	38	9	8	5	115.1	109
2009	林益全	興農	内野手	.348	120	113	169	18	6	.543
2010	王鏡銘	統一7-ELEVEn	投手	3.83	22	10	3	0	124.2	85
2011	官大元	兄弟	投手	3.46	45	10	5	1	114.1	91
2012	傅于剛	統一7-ELEVEn	投手	1.20	48	4	1	0	67.2	63
2013	郭修延	Lamigo	内野手	.314	60	26	64	1	3	.368
2014	藍寅倫	Lamigo	外野手	.339	88	39	94	4	20	.462
2015	許基宏	中信兄弟	内野手	.319	87	56	83	13	2	.535
2016	王柏融	Lamigo	外野手	.414	116	105	200	29	24	.689
2017	詹子賢	中信兄弟	外野手	.350	83	60	97	17	3	.610
2018	施冠宇	統一7-ELEVEn	投手	3.86	19	11	5	0	107.1	53
2019	陳晨威	Lamigo	外野手	.300	87	32	107	5	22	.426
2020	林安可	統一7-ELEVEn	外野手	.310	118	99	134	32	10	.590

歴代打撃成績

年度	首位打者	チーム名	打率
1990	王光輝	兄弟	.342
1991	鷹俠 (Luis Iglesias)	三商	.331
1992	卡羅 (Juan Castillo)	統一	.326
1993	曾貴章	時報	.337
1994	康雷 (Angel Gonzalez)	三商	.360
1995	康雷 (Angel Gonzalez)	三商	.354
1996	路易士 (Luis Santos)	兄弟	.375
1997	德伍 (Robert Wood)	兄弟	.373
1998	怪力男 (Jay Kirkpatrick)	興農	.387
1999	洪啟峰	和信	.333
2000	黄忠義	興農	.354
2001	羅敏卿	統一	.357
2002	陳健偉	中信	.334
2003	彭政閔	兄弟	.355
2004	彭政閔	兄弟	.376
2005	彭政閔	兄弟	.339
2006	陳冠任	兄弟	.349
2007	陳金鋒	La New	.382
2008	彭政閔	兄弟	.391
2009	潘武雄	統一7-ELEVEn	.367
2010	彭政閔	兄弟	.357
2011	張正偉	兄弟	.351
2012	潘武雄	統一7-ELEVEn	.388
2013	林益全	義大	.357
2014	胡金龍	義大	.350
2015	胡金龍	義大	.383
2016	王柏融	Lamigo	.414
2017	王柏融	Lamigo	.407
2018	陳俊秀	Lamigo	.375
2019	林立	Lamigo	.389
2020	陳傑憲	統一7-ELEVEn	.360

年度	本塁打王	チーム名	本塁打
1990	鷹俠 (Luis Iglesias)	三商	18
1991	林仲秋	三商	16
1992	林仲秋	三商	24
1993	哥雅 (Leonardo Garcia)	三商	20
1994	炊沙諾 (Silvestre Campusano)	味全	25
1995	廖敏雄	時報	22
1996	鷹俠 (Luis Iglesias)	三商	31
1997	羅得 (Fredinand Rodriguez)	統一	27
1998	怪力男 (Jay Kirkpatrick)	興農	31
1999	德伍 (Robert Wood)	兄弟	19
2000	林仲秋	興農	15
2001	林仲秋	興農	18
2002	陳文賓	中信	26
2003	張泰山	興農	28
2004	張泰山	興農	21
2005	謝佳賢	誠泰	23
2006	張泰山	興農	24
2007	布雷 (Tilson Brito)	統一	33
2008	布雷 (Tilson Brito)	統一7-ELEVEn	24
2009	林智勝	La New	31
2010	林智勝	La New	21
2011	林泓育	Lamigo	22
2012	林智勝	Lamigo	24
2013	林益全	義大	18
2014	高國輝	義大	18
2015	高國輝	義大	39
2016	高國輝	義大	34
2017	王柏融	Lamigo	32
2018	張志豪	中信兄弟	22
2019	朱育賢	Lamigo	30
2020	林安可	統一7-ELEVEn	32

年度	打点王	チーム名	打点
1990	鷹俠 (Luis Iglesias)	三商	58
1991	吉彌 (Jim Ward)	味全	59
1992	林克 (Francisco Laureano)	統一	68
1993	廖敏雄	時報	60
1994	喬治 (George Hinshaw)	時報	78
1995	路易士 (Luis Santos)	兄弟	72
1996	鷹俠 (Luis Iglesias)	三商	90
1997	德伍 (Robert Wood)	兄弟	94
1998	怪力男 (Jay Kirkpatrick)	興農	101
1999	張泰山	味全	70
2000	黄忠義	興農	51
2001	林仲秋	興農	54
2002	蔡豐安	兄弟	84
2003	陳致遠	兄弟	97
2004	張泰山	興農	94
2005	謝佳賢	誠泰	74
2006	陳金鋒	La New	81
2007	布雷 (Tilson Brito)	統一	107
2008	布雷 (Tilson Brito)	統一7-ELEVEn	102
2009	林智勝	興農	113
2010	林智勝	La New	79
2011	林泓育	Lamigo	106
2012	張泰山	統一7-ELEVEn	96
2013	張泰山	統一7-ELEVEn	90
2014	林益全	義大	88
2015	林益全	義大	126
2016	林泓育	Lamigo	108
2017	王柏融	Lamigo	101
2018	蔣智賢	富邦	89
2019	林益全	富邦	108
2020	林安可	統一7-ELEVEn	99

年度	盗塁王	チーム名	盗塁
1990	林易增	味全	34
1991	林易增	味全	31
1992	林易增	兄弟	47
1993	林易增	兄弟	41
1994	林易增	兄弟	33
1995	張耀騰	俊國	45
1996	賀亮德 (Cesar Hernandez)	統一	36
1997	大帝士 (Bernardo Tatis)	味全	71
1998	大帝士 (Bernardo Tatis)	味全	65
1999	黄甘霖	統一	54
2000	黄甘霖	統一	42
2001	黄甘霖	統一	40
2002	黄甘霖	統一	42
2003	黄甘霖	統一	49
2004	鄭兆行	興農	31
2005	陽森	統一	25
2006	余賢明	興農	27
2007	黄龍義	La New	27
2008	王勝偉	兄弟	24
2009	王勝偉	兄弟	42
2010	鄭達鴻	興農	31
2011	張正偉	兄弟	33
2012	王勝偉	兄弟	29
2013	王勝偉	兄弟	29
2014	林智平	Lamigo	31
2015	林智平	Lamigo	32
2016	林智平	Lamigo	26
2017	王勝偉	中信兄弟	20
2018	王威晨	中信兄弟	44
2019	王威晨	中信兄弟	27
2020	陳晨威	楽天	42

年度	最多安打	チーム名	安打
1990	林易增	味全	116
1991	吉彌 (Jim Ward)	味全	101
1992	羅敏卿	統一	104
1993	曾貴章	時報	109
1994	路易士 (Luis Santos)	兄弟	125
1995	路易士 (Luis Santos)	兄弟	136
1996	曾貴章	時報	143
1997	德伍 (Robert Wood)	兄弟	139
1998	怪力男 (Jay Kirkpatrick)	興農	137
1999	百樂 (Juan Parra)	和信	111
2000	黄忠義	興農	115
2001	楊松弦	和信	105
2002	黄忠義	興農	107
2003	陳致遠	兄弟	137
2004	彭政閔	兄弟	127
2005	陽森	統一	121
2006	張泰山	興農	130
2007	高國慶	統一	152
2008	陳冠任	兄弟	139
2009	威納斯 (Wilton Veras)	興農	176
2010	張泰山	興農	142
2011	張正偉	兄弟	170
2012	張正偉	兄弟	172
2013	林益全	義大	149
2014	胡金龍	義大	162
2015	胡金龍	義大	171
2016	王柏融	Lamigo	200
2017	王柏融	Lamigo	178
2018	陳傑憲	統一7-ELEVEn	165
2019	朱育賢	Lamigo	159
2020	陳傑憲	統一7-ELEVEn	174

張泰山
(元・統一7-ELEVEn)

年度	最優秀防御率	チーム名	防御率
1990	史東 (Joseph Strong)	味全	1.92
1991	黃平洋	味全	1.89
1992	牛沙勒 (Julio Solano沙勒)	三商	1.94
1993	陳義信	兄弟	1.92
1994	王漢 (Jose Nunez)	統一	2.08
1995	王漢 (Jose Nunez)	統一	1.88
1996	勞勃 (Robert Wishnevski)	兄弟	1.67
1997	凱撒 (Michael Garcia貫西)	味全	1.89
1998	和信 (Kevin Henthorne郝有力)	和信	2.09
1999	馬來寶 (Carlos Mirabal)	和信	1.87
2000	楓康 (Mark Kiefer)	興農	1.61
2001	柏格 (John Burgos)	兄弟	1.40
2002	蕭任汶	中信	2.13
2003	威森 (John Frascatore)	統一	1.80
2004	林英傑	誠泰	1.73
2005	林恩宇	誠泰	1.72
2006	林恩宇	誠泰	1.73
2007	彼得 (Pete Munro)	統一	2.03
2008	廖于誠	兄弟	2.31
2009	潘威倫	統一7-ELEVEn	3.30
2010	卡斯帝 (Carlos Castillo)	兄弟	2.17
2011	銳 (Ken Ray)	Lamigo	2.85
2012	強納森 (Jon Leicester)	統一7-ELEVEn	2.48
2013	希克 (Andrew Sisco)	義大	2.70
2014	鄭凱文	中信兄弟	2.48
2015	羅力 (Mike Loree 雷力)	義大	3.26
2016	羅力 (Mike Loree 雷力)	義大	3.98
2017	羅力 (Mike Loree 雷力)	富邦	2.18
2018	羅里奇 (Josh Roenicke)	統一7-ELEVEn	3.17
2019	羅力 (Mike Loree 雷力)	富邦	2.78
2020	德保拉 (Jose De Paula)	中信兄弟	3.20

年度	最多勝	チーム名	勝利数
1990	黃平洋	味全	20
1991	史東 (Joseph Strong)	味全	15
1992	陳義信	兄弟	16
1993	王漢 (Jose Nunez)	統一	22
1994	陳義信	兄弟	22
1995	郭進興	統一	20
1996	郭進興	統一	20
1997	吳俊良	統一	15
1998	楓康 (Mark Kiefer)	興農	17
1999	凱文 (Kevin Henthorne郝有力)	和信	15
2000	楓康 (Mark Kiefer)	興農	20
2001	宋肇基	中信	18
2002	宋肇基	中信	15
2003	橫田久則	兄弟	16
2004	風神 (Jonathan Hurst)	兄弟	17
2005	戰玉飛 (Lenin Picota必可)	興農	16
2006	林恩宇	誠泰	17
2007	潘威倫	統一	16
2008	強森 (Mike Johnson)	La New	20
2009	正田樹	興農	14
2010	卡斯帝 (Carlos Castillo)	兄弟	14
2011	羅曼 (Orlando Roman)	兄弟	16
2012	鎌田祐哉	統一7-ELEVEn	14
2013	林晨樺	義大	15
2014	鄭凱文	中信兄弟	11
2015	羅力 (Mike Loree 雷力)	義大	16
2016	羅力 (Mike Loree 雷力)	義大	13
2017	羅力 (Mike Loree 雷力)	富邦	16
2018	伍鐸 (Bryan Woodall)	富邦	14
2019	李茲 (Radhames Liz)	Lamigo	16
2020	德保拉 (Jose De Paula)	中信兄弟	16

年度	最多奪三振	チーム名	三振
1990	瑞奇 (Enrique Burgos)	統一	177
1991	瑞奇 (Enrique Burgos)	統一	138
1992	瑞奇 (Enrique Burgos)	統一	131
1993	黃平洋	味全	184
1994	威亞 (William Flynt)	俊國	200
1995	王漢 (Jose Nunez)	統一	167
1996	凱撒 (Michael Garcia貫西)	味全	183
1997	瑞奇 (Enrique Burgos)	兄弟	177
1998	勇壯 (Osvaldo Martinez)	興農	143
1999	楓康 (Mark Kiefer)	興農	155
2000	風神 (Jonathan Hurst)	兄弟	139
2001	養父鐵	統一	166
2002	宋肇基	中信	183
2003	勇壯 (Osvaldo Martinez)	興農	182
2004	林英傑	誠泰	203
2005	林英傑	誠泰	174
2006	林恩宇	誠泰	209
2007	喬伊 (Joey Dawley)	兄弟	153
2008	倪福德	中信	132
2009	正田樹	興農	115
2010	羅曼 (Orlando Roman)	兄弟	142
2011	羅曼 (Orlando Roman)	兄弟	161
2012	迪薩猛 (Matt DeSalvo)	Lamigo	137
2013	羅力 (Mike Loree 雷力)	Lamigo	152
2014	黃勝雄	義大	119
2015	羅力 (Mike Loree 雷力)	義大	144
2016	布魯斯 (Bruce Billings)	統一7-ELEVEn	172
2017	羅力 (Mike Loree 雷力)	富邦	154
2018	羅力 (Mike Loree 雷力)	富邦	157
2019	李茲 (Radhames Liz)	Lamigo	179
2020	德保拉 (Jose De Paula)	中信兄弟	192

彭政閔
(元・中信兄弟)

年度	最優秀救援	チーム名	セーブ
1990	湯尼 (Tony Metoyer)	統一	19
1991	湯尼 (Tony Metoyer)	統一	24
1992	牛沙勒 (Julio Solano沙勒)	三商	19
1993	郭進興	統一	22
1994	郭建成	時報	29
1995	郭建成	時報	27
1996	勞勃 (Robert Wishnevski)	兄弟	34
1997	凱撒 (Michael Garcia貫西)	味全	27
1998	凱撒 (Michael Garcia貫西)	味全	32
1999	布萊恩 (Brian Draham)	統一	26
2000	羅薩 (Maximo Rosa)	統一	20
2001	林朝煌	統一	24
2002	郭李建夫	中信	20
2003	魔銳 (Ramon Morel世介勇)	興農	27
2004	凱撒 (Michael Garcia貫西)	統一	33
2005	達威 (Dario Veras)	中信	31
2006	郭勇志	興農	17
2007	泰德 (Todd Moser)	中信	13
2008	飛鵬 (Jermaine van Buren)	La New	20
2009	林岳平	統一7-ELEVEn	26
2010	庫倫 (Ryan Cullen)	兄弟	34
2011	許銘倢	Lamigo	30
2012	湯瑪仕 (Brad Thomas)	兄弟	23
2013	湯瑪仕 (Brad Thomas)	兄弟	26
2014	米吉亞 (Miguel Mejia)	Lamigo	35
2015	陳鴻文	中信兄弟	24
2016	陳鴻文	中信兄弟	15
2017	陳禹勳	Lamigo	37
2018	陳禹勳	Lamigo	30
2019	陳韻文	統一7-ELEVEn	24
2020	陳韻文	統一7-ELEVEn	23

年度	最優秀中継ぎ	チーム名	ホールド
2005	曾翊誠	統一	11
2006	李明進	誠泰	18
2007	王勁力	統一7-ELEVEn	12
2008	沈柏蒼	統一7-ELEVEn	14
2009	麥特 (Matt Perisho)	兄弟	23
2010	曾兆豪	La New	25
2011	高建三	統一7-ELEVEn	26
2012	高建三	統一7-ELEVEn	20
2013	真田裕貴	兄弟	32
2014	陳禹勳	Lamigo	30
2015	官大元	中信兄弟	19
2016	賴鴻誠	義大	18
2017	王躍霖	Lamigo	19
2018	邱浩鈞	統一7-ELEVEn	23
2019	黃子鵬	Lamigo	23
2020	吳俊偉	中信兄弟	24

※05年以前は、セーブポイント（救援勝＋セーブ）、06年以降はセーブ数のみにてタイトルを決定

2021年CPBL実施要項

球団数：5

公式戦試合数：120試合（チーム間30試合対戦）

前期開幕：3月13日

後期開幕：未定（東京五輪世界最終予選、東京五輪の開催可否により決定）

延長戦：12回まで。時間制限なし。

DH制：有

ビデオ判定：各チーム9回終了までは2回まで使用可能。延長戦に入った場合は1回使用可能で、9回までに残った回数は持ち越されない。ただし8回以降は球審が必要と判断すれば無制限に行われる。

ポストシーズン方式

① **前、後期の公式戦1位チームが異なる場合**
前期1位と後期1位で台湾シリーズを実施（7戦4勝制）

② **前、後期の公式戦1位チームが同じ場合**
❶ 年間勝率2位対3位でプレーオフを実施（5戦3勝制）
❷ プレーオフ勝者と年間勝率1位で台湾シリーズを実施（7戦4勝制、年間勝率1位に1勝のアドバンテージ）

③ **前、後期の公式戦1位チームのいずれも、年間勝率が1位ではない場合**
❶ 前、後期の公式戦1位のうち、勝率が低いチームと年間勝率1位チームでプレーオフを実施（5戦3勝制）
❷ プレーオフの勝者と前、後期の公式戦1位のうち、勝率が高いチームで台湾シリーズを実施（7戦4勝制）

一軍選手登録、再登録

一軍登録人数は27人、ベンチ入り選手数は25人まで。再登録は登録抹消から10日経過後可能。ただし外国人選手は登録抹消から15日経過後可能。

外国人選手

支配下登録人数：4人まで
※味全のみ5人まで
一軍登録人数：3人まで
※味全のみ4人まで、全員が投手または野手は不可
同時出場：2人まで
※味全のみ3人まで
登録期限：8月31日

フリーエージェント（FA）

試合期間中に125日以上一軍登録されたシーズンを1シーズンとして計算し、合計9シーズン（大学卒業後にプロ入りした選手は合計8シーズン）経過後、FA権を取得する。
なお合計3シーズン経過後、海外移籍が可能。（ただし所属球団の同意が必要）
FA権の行使から合計4シーズン経過後、FA権の再取得が可能。

台湾プロ野球の歴史

戦後のあゆみ

戦後、中華民国が台湾を接収した。日本統治時代に始まった野球は、実業団や国軍で主に行われ、中南部を中心に庶民の人気を集めていたものの、政府の関心は低かった。しかし、1968年、東部・台東の紅葉小学校のチームが、来台した関西選抜チームに勝利、このチームを米リトルリーグ世界大会優勝の和歌山チームと勘違いした人が多かったこともあり、一大フィーバーとなった。そして、外交的に孤立する中、国威発揚も目的として、少年野球の強化が進み、1970年代、小、中、高の代表がリトルリーグの世代別世界大会で目覚ましい成績を挙げると、野球は国民的人気スポーツとなった。1980年代に入ると成人世代も力をつけ、1984年のロサンゼルス五輪では郭泰源（のちに西武）らの活躍で銅メダルを獲得した。しかし、この時代、アマチュアトップ選手の為のプレー環境は十分に整っておらず、彼らは活躍の場を求め、日本のプロや社会人チームを目指すこととなった。

プロ野球の誕生

1980年代、経済発展、政治体制の変化の中で、プロ野球誕生を望む声が高まった。こうした中、プロ発足に尽力したのが兄弟ホテルの洪騰勝氏である。洪氏はまずアマチームを設立、発足後の準備を始めるとともに、参入企業探しに奔走、味全、統一、三商が参入に合意した。1989年、台湾プロ野球を運営する中華職業棒球聯盟（CPBL）が創設され、1990年3月17日、兄弟エレファンツ、統一ライオンズ、味全ドラゴンズ、三商タイガースの4チームにより、アジアで3番目となるプロ野球リーグが誕生した。

公式戦は前後期45試合ずつ90試合行われ、台湾シリーズでは後期優勝の味全が、前期優勝の三商を下し初代王者となった。また、日本でプレーしていた選手も次々に帰国、リーグを盛り上げた。

1992年、台湾代表がバルセロナ五輪で銀メダルを獲得したことで野球の人気はさらに高まり、1試合の平均観客動員数は6878人（現在までの最多）に達した。翌年には同五輪代表の主力を中心とする時報イーグルス、俊國ベアーズが加盟し6球団になった。

日本人指導者の席巻、日本人「助っ人」の入団

1990年、引地信之（元大洋等）がコーチとして前期低迷した統一を上位に引き上げたこと、また森下正夫（元南海等）、山根俊英（元大洋等）が率いた兄弟が1992年から3連覇を果たしたことで日本人指導者の評価が高まり、1995年には6球団中5球団が日本人監督となった。

また、1991年から日本人選手も各球団に入団、中でも1993年に俊國に入団した野中徹博は15勝をあげ、翌年中日に入団、NPB復帰を果たした。

八百長事件発覚、新リーグ誕生

1995年に年間100試合となった後も順調な発展を遂げていたが、1996年に八百長事件が発覚、選手数十名が関与していたことがわかり、ファンを失望させた。この影響で時報は1998年に解散、1999年には三商、そして三連覇を決めたばかりの味全も解散に追い込まれた。

1996年に興農が俊國から球団経営権を獲得、翌年から興農ブルズとなった。また、1997年に和信（のちの中信）ホエールズが7球団目として加盟したが、3球団が解散したことで、2000年から再び4球団となった。

八百長事件と共に、この時代台湾プロ野球を揺るがしたのは新リーグの設立である。1992年からCPBL加盟を申請しながら認められなかった聲寶と、放映権争いに敗れた年代テレビが1995年、那魯灣（ナルワン）股份有限公司を設立、第二のリーグ、台湾職業棒球大聯盟（TML）の運営を決めた。TMLはCPBLの主力選手を積極的に獲得し、1997年2月28日、台北太陽、台中金剛、嘉南勇士、高屏雷公の4チームで開幕した。

NPBで活躍した大物投手の入団

八百長と主力選手の引き抜きによりCPBLの観客動員数が激減する中、中日で大活躍した郭源治が1997年に統一に入団、1999年にはバルセロナ五輪銀メダル獲得の立役者、郭李建夫（元阪神）が和信に入団した。

一方、郭泰源が技術顧問を務めていたTMLには、西武の黄金時代を支えた渡辺久信と石井丈裕が加わった。2人は選手・指導者兼任ながら最多勝と最優秀防御率に輝いた。

W杯3位、リーグ合併で上昇機運も、再び苦難の時代へ

2001年、台湾で行われたワールドカップで張誌家（のちに西武）、陳金鋒（当時はドジャース傘下）らの活躍で3位になったこと、翌2002年には、アマ球界を代表する投手、蔡仲南が興農に入団したことでCPBLは人気復活の兆しをみせた。一方、TMLは次第に選手層の薄さが露呈、両リーグ合併を望む声が高まった。

2003年1月、両リーグは合併、中華職業棒球大聯盟（CPBL）となった。元CPBLの4球団は維持されたが、元TMLの4球団は第一金剛（のちのLa Newベアーズ）と誠泰太陽（のちの誠泰コブラス）の2球団となり、計6球団となった。

2000年に1676人まで落ち込んだ平均観客動員は、12年ぶりの出場となったアテネ五輪の年、2004年には3505人まで回復した。しかし、ファンの期待を裏切るかのように2005年以降、毎年のように八百長事件が発生する。誠泰を引き継いだ米迪亞ティーレックスは2008年オフ、球団ぐるみの八百長が発覚し除名処分となり、同年、中信も解散に追い込まれた。また、2009年の事件では、兄弟を中心に各チームの監督、主力を含む数十人の選手が永久追放処分となり、老舗球団の経営危機が囁かれるようになった。2012年オフには、興農が義聯グループに、2013年オフには、兄弟が中信グループの関連会社に球団を売却、興農は義大ライノス、兄弟は中信兄弟となった。また、La Newベアーズは2011年、南部・高雄から北部・桃園に本拠地を移転、チーム名をLamigoモンキーズに改めた。

WBC8強、ラミレスフィーバー、応援革命による人気復活

2013年シーズンの開幕前、CPBLに追い風が吹いた。WBCにおける代表チームの快進撃である。強豪ぞろいの第1ラウンドを突破し、第2ラウンドでも日本をあと一歩まで追いつめた大健闘にファンは感動した。また、義大がMLBの超大物、マニー・ラミレスを獲得したことも大きな話題となり、平均観客動員は21年ぶりに6000人台を記録した。

また、韓国式のアンプを使った応援、チアガールの増員、本拠地内野を全てホーム席とするなど、ファンを楽しませるための「応援革命」を行ったLamigoは、リーグ1の人気チームとなり、他チームにも多大な影響を与えた。平均観客動員は翌年から19年まで5000人台を維持、プロ野球は完全に人気復活を果たした。

本拠地開催、大企業による球団経営の時代へ

しかし、2016年6月、義大を運営する義聯グループは成績不振を理由に球団身売りを発表、金融大手の富邦グループが買収した。義大は同年の台湾シリーズ優勝で4年間の歴史を締めくくった。富邦は球団名を富邦ガーディアンズとし、2018年からは新荘棒球場を本拠地と定め、全4球団が主催試合の大部分を本拠地球場で開催するようになった。

2019年春、味全が20年ぶりとなるリーグ復帰を発表、6月、正式にリーグから認可された。しかし、待望の5球団目誕生に湧く中、7月、Lamigoが球団身売りを発表、ファンに衝撃を与えた。同年9月、日本の楽天グループが球団を買収、チーム名を残し、楽天モンキーズへと生まれ変わった。様々な取り組みを行い、人気、実力でリーグを牽引してきたLamigoだったが、結果的に膨れ上がるコストを負担しきれなくなった。「中小企業が球団経営できる時代は終わった」という劉GMの言葉は、新時代に突入したことを物語っていた。5球団共に大企業が運営母体となったことで、チーム成績の鍵を握る外国人選手のグレードアップが顕著となっている。

コロナ禍で存在感、1軍5球団以上は13年ぶり

世界が新型コロナウイルスに翻弄された2020年、台湾は政府主導による先手の取り組みで市中感染を抑え込んだ。CPBLもプロ野球リーグとして世界に先駆け開幕、観客入場も初めて行い、国際社会から注目を集めた。また、二軍に参入した味全は公式戦、チャンピオンシップを制した。

2021年シーズンは味全が一軍に参入、CPBLは2008年以来、13年ぶりに5球団以上で開催される。ドラフトでは陳冠宇（元千葉ロッテ等）など、大物「帰国組」の参加が期待される。

注目の第6の球団については、高雄市が複数の地元企業による共同経営という形で澄清湖棒球場を本拠地とする球団設立構想を打ち出しているほか、新任の蔡其昌コミッショナーも、租税優遇措置など、企業参入を促す環境整備に取り組む方針を示している。

野球観戦で使える 台湾華語（台湾中国語）

実際に使いやすいように、極力、短文で記しました。便宜的にカタカナで表記していますが、中国語にはカタカナでは表記できない音、さらに「四声」と呼ばれる高低アクセントもあるため、なかなか通じない可能性があります。その際は直接指差して聞きましょう。

タクシーで
野球場へ行ってください
チン ダオ バン チョウチャン
請到棒球場

街で
野球場どこですか？
チン ウェン バン チョウチャン ザイ ナー リ
請問棒球場在哪裡？

街で
きょう、試合ありますか？
ジン ティエン ヨウ ビー サイ マ
今天有比賽嗎？

球場周辺で
今日の試合、何時開始ですか？
ジン ティエン ダ ビー サイ ジーディエン カイ シ
今天的比賽,幾點開始？

球場周辺で
券売所はどこですか？
ショウピィヤオチュー ザイ ナー リ
售票處在哪裡？

球場周辺で
グッズを買いたいです
ウォ シャン マイ ジョウビェンシャン ピン
我想買周邊商品

球場周辺で
内野席(外野席)どっちですか？
ネイ イェ （ワイ イェ）グアンジョン シー ザイ ナー リ
内野(外野)觀眾席在哪裡？

券売所で ※外野席は大人子ども同料金
内野席大人(子供)一枚(二枚、三枚)下さい
ネイ イェチュエンピィアオ（バンピィアオ）イージャン（リャンジャン、サンジャン）
内野全票(半票)一張(兩張,三張)

場内で
トイレ(グッズ売り場orフードショップ)はどこですか？
シーショウジェン（シャンピンブー or シーピンファンマイブー）ザイナー リ
洗手間(商品部or食品販賣部)在哪裡？

場内で
ビール1杯(瓶、缶)ください
ウォ ヤオ イー ベイ（ ピン グアン）ピー ジョウ
我要一杯(瓶，罐)啤酒

お隣さんに
ここ空いていますか？
チェー ガ ウェイ ズ ヨウ レン ズォ マ
這個位子有人坐嗎？

お隣さんに
応援のやり方(コール)を教えてください
チン ジャオ ウォ ジャー ヨウ ファン シ （ジャー ヨウ コウ ハオ）
請教我加油方式(加油口號)

お隣さんに
日本から来ました
ウォ ライ ズー リー ベン
我來自日本

選手に
サインしてください
チン バン ウォ チェン ミン
請幫我簽名

選手に
写真撮ってもいいですか？
コー イー パイ ジャオビェン マ
可以拍照片嗎？

選手に
ファンです
ウォ シー ニー ダ フェン スー
我是你的粉絲

選手に
カッコいいです
ニー ヘン シュアイ
你很帥

チアガールに
可愛い(綺麗)です
ニー ヘン ケー アイ （ピャオリャン）
妳很可愛(漂亮)

この本について説明する
日本の野球ファンのために台湾プロ野球を紹介した本です
ジェー シー ウェイ ラ ゲイ リー ベン チョウ ミー ジェ シャオ ジョン ファ ジー バン アー チュー バン ダ シュー
這是爲了給日本球迷介紹 中華職棒而出版的書

116

中国語で野球用語を覚えよう

守備位置

中外野手
ジョン ワイ イェ ショウ

左外野手
ズォ ワイ イェ ショウ

右外野手
ヨウ ワイ イェ ショウ

遊撃手
ヨウ ジー ショウ

二塁手
アー レイ ショウ

三塁手
サン レイ ショウ

一塁手
イー レイ ショウ

投手
トウ ショウ

指定打撃
ジー ディン ダー ジ

捕手
ブー ショウ

日本語	中国語
■あ	
相手チーム	對戰球隊（ドゥイジャン チョウドゥイ）
アウト	出局（チュ ジュ）
アウトコース	外角球（ワイジャオ チョウ）
安打	安打（アン ダ）
インコース	内角球（ネイジャオ チョウ）
打つ	撃球（ジー チョウ）
雨天中止	因雨延賽（インユ イェンサイ）
○回 裏	○局 下（○ジュー シア）
延長戦	延長賽（イェン チャン サイ）
送りバント	犠牲觸撃（シー シェン チュー ジー）、犠牲短打（シー シェン ドゥアン ダ）
抑え投手	終結者（ジョン ジェ ジェ）
オープン戦	熱身賽（レー シェン サイ）
○回 表	○局 上（○ジュー シャン）
オールスター戦	明星賽（ミン シン サイ）
■か	
開幕戦	開幕戦（カイ ムー ジャン）
外野	外野（ワイ イェ）
カーブ	曲球（ジュー チョウ）
空振り	揮棒落空（フィ バン ルオ コン）
完投	完投（ワン トウ）
監督	總教練（ゾン ジャオ リェン）
完封	完封（ワン フォン）
犠牲フライ	高飛犠牲打（ガオ フェイ シー シェン ダ）
球場	球場（チョウ チャン）
球審	主審（ジュー シェン）
球団	球團（チョウ トゥアン）
敬遠四球	故意四壊球（グー イー スー ファイ チョウ）
牽制	牽制（チェン ジー）
公式戦	例行賽（リー シン サイ）
紅白戦	紅白對抗賽（ホン バイ ドゥイ カン サイ）
ゴロ	滾地球（グン ディー チョウ）
■さ	
サイクルヒット	完全打撃（ワン チュエン ダー ジ）
サヨナラ	再見安打（ザイ ジェン アン ダ）
三振	三振（サン ジェン）
残塁	殘壘（ツァン レイ）
GM	領隊（リン ドゥイ）
四球	四壊球保送（スー ファイ チョウ バオ ソン）
死球	觸身球（チュー シェン チョウ）
自責点	自責分（ズー ゼ フェン）

日本語	中国語
失策	失誤（シー ウー）
失投	失投球（シー トウ チョウ）
首位打者	打撃王（ダー ジ ワン）
出塁	上壘（シャン レイ）
守備	守備（ショウ ベイ）
順位	排名（パイ ミン）
勝利	赢球（イン チョウ）
勝利打点	勝利打點（シェン リー ダー ディエン）
勝率	勝率（シェン リュー）
人工芝	人工草皮（レン ゴン ツァオ ピー）
新人	新人（シン レン）
審判	裁判（ツァイ バン）
ストライク	好球（ハオ チョウ）※カウントは○好○壊（○は数字）
スライダー	滑球（ホァ チョウ）
先発	先發投手（シェン ファ トウ ショウ）
送球	傳球（チュアン チョウ）
走者	跑者（パオ ジェ）
■た	
代走	代跑（ダイ パオ）
代打	代打（ダイ ダ）
打撃	打撃（ダー ジ）
打者	打者（ダー ジェ）
打順	打撃順序（ダー ジ シュン シュ）
打数	打數（ダー シュー）
打席	打席（ダー シー）
打点	打點（ダー ディエン）
打率	打撃率（ダー ジ リュー）
長打	長打（チャン ダ）
天然芝	天然草皮（ティエン ラン ツァオ ピー）
投球	投球（トウ チョウ）
盗塁	盗壘（ダオ レイ）
得点	得分（デ フェン）
ドラフト会議	選秀會（シュエン ショウ フイ）
■な	
ナイトゲーム	夜間比賽（イェ ジェン ビ サイ）
内野	内野（ネイ イェ）
流し打ち	推打（トゥイ ダ）※引っ張りは「拉打（ラー ダ）」
中継ぎ	中繼投手（ジョン ジー トウ ショウ）
■は	
バッテリー	投捕搭檔（トウ ブ ダー ダン）
バット	球棒（チョウ バン）
判定	判定（バン ディン）
控え	替補球員（ティ ブ チョウ ユエン）、板發球員（バン デン チョウ ユエン）※板發はベンチ
ビジター	客場（ケー チャン）
ファウルボール	界外球（ジェ ワイ チョウ）
ファン	球迷（チョウ ミー）
フォークボール	指叉球（ジー チャー チョウ）
フライ	高飛球（ガオ フェイ チョウ）
併殺	雙殺（シュアン シャー）
変化球	變化球（ビェン ファ チョウ）
防御率	自責分率（ズー ゼ フェン リュー）、防禦率（ファン ユー リュー）
暴投	暴投（バオ トウ）※野手の悪送球は「暴傳（バオ チュアン）」
ボーク	投手犯規（トウ ショウ ファン グィ）
ボール	壊球（ファイ チョウ）
ホームラン	全壘打（チュエン レイ ダ）
■ま	
満塁	満壘（マン レイ）
■や	
野手	野手（イェ ショウ）
■ら	
ライナー	平飛球（ピン フェイ チョウ）

※台湾では、注音符号とよばれる「ㄅㄆㄇㄈ」などの37の符号を組み合わせることで発音を表記します。しかし、中国語学習歴のない方がこの符号をいきなり読むことは難しいため、本書では便宜的にカタカナで表記しています。
なお、中国語の音の中にはカタカナでは書き表しにくいものが多々あり、さらに全ての漢字には四声と呼ばれる高低アクセントもあります。そのため、カタカナ表記はあくまでも参考として捉えてください。正確な発音を知りたい方は球場で、台湾のファンと交流し、知りたい単語を指差し、実際に発音をしてもらうのもお勧めです。

2004年から毎年発行！
韓国プロ野球観戦ガイド & 選手名鑑2021

寸評＆索引つき！

全10球団598選手
カラー写真名鑑
全球場ガイドとチーム紹介

編著者による入魂の寸評を全選手掲載
主力級80選手はさらに細かく紹介しています！

韓国プロ野球の伝え手
室井昌也

韓国プロ野球
観戦ガイド＆選手名鑑
2021

おかげ様で18年連続発行！

「コロナがあけたら韓国野球でしたいこと」
ファンのメッセージ掲載！

韓国野球委員会（KBO）
韓国プロ野球選手協会　承認

代表チームは2大会連続の
金メダルを目指す！

編著者／室井昌也（韓国プロ野球の伝え手）
発行所／論創社